NEFF

TAROT

GILBERT OBERMAIR

NEFF

Neff ist ein Imprint der Verlagsunion Pabel-Moewig KG, Rastatt
© für diese Ausgabe 1995 by Verlagsunion Pabel-Moewig KG, Rastatt
Alle Rechte vorbehalten
Umschlaggestaltung: Werbeagentur Zeuner, Ettlingen
Druck und Bindung: Elsnerdruck, Berlin
Printed in Germany 1995
ISBN 3-8118-5847-5

Inhalt

Vorwort 7

1. **Geschichte des Tarot** 9
   Die Himmelsleiter 10
   Spielkarten und Kartenspiele 13
   Wahrsagen und Tarock 16

2. **Das Große Arkanum** 23
   Das Weltall 24
   Lesen und Erkennen 27
   Karte 1: Der Magier 28
   Karte 2: Die Hohepriesterin 30
   Karte 3: Die Herrscherin 32
   Karte 4: Der Herrscher 34
   Karte 5: Der Hohepriester 36
   Karte 6: Die Entscheidung 38
   Karte 7: Der Triumphwagen 40
   Karte 8: Die Gerechtigkeit 42
   Karte 9: Der Einsiedler 44
   Karte 10: Das Schicksalsrad 46
   Karte 11: Die Kraft 48
   Karte 12: Der Gehenkte 50
   Karte 13: Der Tod 52
   Karte 14: Die Mäßigkeit 54
   Karte 15: Der Teufel 56
   Karte 16: Die Zerstörung 58
   Karte 17: Die Sterne 60
   Karte 18: Der Mond 62
   Karte 19: Die Sonne 64
   Karte 20: Das Gericht 66
   Karte 21: Die Welt 68
   Karte 0: Der Narr 70

3. Urbilder und Meditation 73

Der Lebensbaum 74
Vorbereiten und Entspannen 77
Meditieren und Erkennen 78
Schlüssel 1: Die natürliche Reihenfolge 80
Schlüssel 2: Die drei Sequenzen 86
Schlüssel 3: Die vier Heilswege 89
Schlüssel 4: Die Gegenkarten 92
Schlüssel 5: Geheimnisse der Kabbala 96

4. Legen und Deuten 101

Das Glücksrad 102
Vorbereiten und Entspannen 105
Auswählen und Auslegen 107
Betrachten und Deuten 109
Schlüssel 6: Gestern — heute — morgen 112
Schlüssel 7: Das Geistesleben 114
Schlüssel 8: Das Gefühlsleben 115
Schlüssel 9: Das Kreuz 116
Schlüssel 10: Der Kreis 118
Schlüssel 11: Das Fünfeck 120
Schlüssel 12: Der Stern 122
Schlüssel 13: Das Keltenkreuz 124
Schlüssel 14: Gott und die Welt 126

Vorwort

Als sich der französische Mystiker Court de Gebelin 1781 mit dem Tarot beschäftigte, formulierte er in seinem Werk »Monde Primitif« den Einstieg in seine Betrachtungen besonders spektakulär: »Wenn man beweisen könnte, daß in unseren Tagen noch ein Buch der alten Ägypter existiert, das den Flammen entgangen ist, welche ihre herrlichen Bibliotheken verschlangen und welches das reinste Wissen über tiefste Dinge enthält, so würde ohne Zweifel jedermann sich beeilen, ein so wertvolles, ein so außerordentliches Buch kennenzulernen ... Dieses Buch ist das Tarotspiel.«
Nun, beweisen läßt sich die ägyptische Herkunft leider nicht, wenn auch viele Experten annehmen, Spielkarten im allgemeinen und Tarot-Karten im besonderen wären um 1370 durch Zigeuner (englisch »Gipsy« gleich »Ägypter«) nach Europa gebracht worden. Und gleichzeitig damit auch die Kunst des Wahrsagens. Einig ist man sich auch darüber, daß Tarot viel mehr ist als Kartenlegen und Wahrsagen. Denn in den Symbolen spiegelt sich das menschliche Denken seit seinen Anfängen wider. Der Tarot enthält, so sagt man, die Ergebnisse des menschlichen Denkens, allerdings eingekleidet in Symbole, die wir zu deuten und zu lernen hätten.
Wie kann man sich die Kenntnis dieser geheimnisvollen Symbole aneignen? Was empfehlen die anerkannten Tarotexperten der Welt? Nachdem ich über 30 Bücher zu diesem Thema gelesen habe, nachdem ich mit anderen Zauberlehrlingen diskutiert, philosophiert und meditiert habe, sogar Vergleiche zum chinesischen I Ging gezogen hatte, komme ich zu folgendem Schluß: Wahrhaft tiefe Kenntnisse und Erkenntnisse erlangt nur, wer sich jahrelang intensiv mit dem Tarot beschäftigt. Wer den Tarot zunächst oberflächlich kennenlernen möchte, um später tiefer einzudringen, braucht eine einfache Anleitung, einen Schlüssel, der einerseits einfach wie eine Spielregel aufgebaut ist, der andererseits aber auch durchaus

sagt, worum es dabei geht. Diesen Schlüssel, diese Schritt für Schritt aufgebaute Spielregel finden Sie auf den folgenden Seiten. Und zwar gegliedert in vier Kapitel.

Im ersten Kapitel wird ein kurzer Überblick gegeben, woher Spielkarten und Kartenspiele kommen, wer sie in Europa eingeführt haben könnte, und was es mit dem Wahrsagen auf sich hat. Beim österreichischen Stichspiel »Tarock« werden alle 78 Karten verwendet, die 22 geheimnisvollen Symbolkarten gelten als Trümpfe. Beim Kartenlegen, das man heute französisch »Tarot« nennt, benutzen manche ebenfalls alle 78 Karten. Die sogenannten »Eingeweihten« beschäftigen sich jedoch vorwiegend nur mit den 22 Symbolkarten.

Im zweiten Kapitel werden diese 22 Symbolkarten vorgestellt. Man nennt sie auch »Das Große Arkanum«, wobei »Arkanum« soviel wie »Geheimnis« bedeutet. Der Leser wird aufgefordert, Karte um Karte zu studieren. Es kommt dabei darauf an, »zwischen den Zeilen« zu lesen, ein Gefühl für das gesamte Urbild zu bekommen.

Im dritten Kapitel wird gezeigt, wie man sich vorbereitet und entspannt, wie man meditiert und Zusammenhänge zwischen zwei oder mehreren Karten erkennt. Während im zweiten Kapitel die Karten einzeln betrachtet werden, werden sie im dritten Kapitel anhand der Schlüssel 1 bis 5 in natürlicher Reihenfolge gesehen, in drei Sequenzen, in vier Heilswegen sowie paarweise in Gegenkarten zusammengestellt, bis schließlich Ansätze zur kabbalistischen Betrachtung gezeigt werden.

Im vierten Kapitel kommt zur Betrachtung ein wesentlicher Punkt dazu: Die Aufgabe oder Problemstellung des Fragenden. Anhand der Schlüssel 6 bis 14 kann jeder die wichtigsten Tarot-Techniken nachvollziehen. Von einfachen Fragestellungen bis zum Keltenkreuz und dem astrologischen Gesamtmodell.

1.
Geschichte des Tarot

Die Himmelsleiter

Die Leiter der Erkenntnis führt von den Steinen über Feuer, Pflanzen, Tiere und den Menschen bis zum Himmel, und von da über die Engel zu Gott. Die mittelalterliche Vorstellung dieses Zusammenhangs ist Grundlage für viele divinatorische Verfahren, mit deren Hilfe man glaubt, das Heilige in Naturphänomenen und irdischen Begebenheiten ahnen zu können. Eines dieser Verfahren ist die Zukunftsschau mit Hilfe der Symbole des Tarot. Sein Ursprung liegt im Dunkel der Geschichte verborgen.

Schon seit Urzeiten sucht der Mensch nach der Wahrheit, indem er spekulativen Tätigkeiten nachgeht, die in Grenzbereiche der exakten Wissenschaften und darüber hinaus vorstoßen. Diese Tätigkeiten sind eine Art Forschung, wir ordnen sie im allgemeinen der Philosophie zu. Auch die verschiedenen exakten Wissenschaften haben meist mit der in diesem Sinne verstandenen philosophischen Forschung begonnen.

Der englische Philosoph Bertrand Russel fordert uns auf, die Philosophie von anderen spekulativen Überlegungen zu unterscheiden: Die Philosophie an sich bedeutet nämlich weder die Lösung unserer Schwierigkeiten noch die Rettung unserer Seelen, sondern — wie die alten Griechen sie auffaßten — eine Art abenteuerlicher Unternehmung. So ist sie im Prinzip keine Angelegenheit von Dogmen, Riten oder geheiligten Erkenntnissen anderer Art, auch wenn manche Philosophen hartnäckig dogmatisch denken. Es gibt nämlich zwei Betrachtungsmöglichkeiten bezüglich des Unbekannten. Die eine ist, denjenigen zuzustimmen, die behaupten, sie seien auf Grund von bestimmten Büchern, Mysterien oder anderen Quellen der Inspiration im Besitz des Wissens. Die andere ist, selbst nachzuforschen. Diesen Weg geht die exakte Wissenschaft und auch die Philosophie.

Wer nun die Beschäftigung mit dem Tarot als abenteuerliche Unternehmung auffaßt und damit nicht in erster Linie Schwierigkeiten lösen oder Seelen retten möchte, der befindet sich noch im faszinierenden Grenzgebiet der Philosophie. Er

Die Himmelsleiter, aus: Raimundus Lullus, De Nova Logica, 1512

wird hiermit aufgefordert, selbst nachzuforschen und nachzudenken. Wer hingegen den Tarot als unumstößliches Dogma, als Ritus oder als geheiligte Erkenntnis hinnehmen möchte, handelt nicht mehr im philosophischen Sinn, wie ihn die alten Griechen verstanden. Ihm bleibt nur noch übrig, denen zuzustimmen, die behaupten, im Besitz des Wissens zu sein. Es gibt viele Probleme, mit denen sich denkende Leute befassen. Man kann viele Fragen stellen, auf die keine exakte Wissenschaft antworten kann. Auch sind die selbständig Denkenden nicht gewillt, den fertigen Antworten von »Wahrheitsverkündern« zu vertrauen. Es ist Aufgabe der Philosophie, diesen Problemen nachzuforschen und sie nach Möglichkeit Schritt für Schritt zu lösen.

Was ist der Sinn des Lebens, falls es überhaupt einen gibt? Wohin führt der Gang der Geschichte? Wird die Natur von Gesetzen regiert, oder denken wir das bloß, weil wir die Dinge gern in einer gewissen Ordnung sehen? Ist die Welt in zwei verschiedene Teile, Geist und Materie, aufgeteilt? Und wenn ja, wie hängen sie zusammen? Ist der Mensch ein Staubkorn auf einem kleinen, unwichtigen Planeten? Oder ist er ein Haufen geschickt zusammengesetzter chemischer Elemente? Oder ist er — wie er in Shakespeares Hamlet erscheint — von edler Vernunft und unendlichen Fähigkeiten? Oder ist er alles zusammen? Gibt es eine gute und eine schlechte Lebensweise? Gibt es eine Weisheit oder ist alles, was so scheint, nur leere Narretei?

All das sind quälende Fragen, die sich durch kein Experiment im Labor und durch kein Kartenlegen beantworten lassen. Und die Großen in der Geschichte der Philosophie waren nie gewillt, Schlußsätze von Verkündern letzter Weisheiten ohne weiteres hinzunehmen. Vielleicht soll uns die Beschäftigung mit diesen Fragen auch nur zeigen, wie wir leben und bestehen können, wenn wir auch nur weniges wissen.

Spielkarten und Kartenspiele

Es gibt zahlreiche Hypothesen über den Ursprung der Spielkarten. Leider ist keine davon beweiskräftig. Wir wissen nicht einmal genau, wo die ersten Spielkarten erfunden wurden. Es spricht zwar viel dafür, daß dies im alten China war, doch kann es genauso gut sein, daß die Spielkarten in China, in Indien und später in Europa unabhängig voneinander neu erfunden worden sind. Der deutsche Spielkarten-Experte Detlef Hoffmann sagt: »Kurze Bemerkungen über ostasiatische, vor allem über chinesische Spielkarten finden sich seit Breitkopf (Johann Gottlieb Immanuel Breitkopf: Versuch, den Ursprung der Spielkarten, die Einführung des Leinenpapiers, und den Anfang der Holzschneidekunst in Europa zu erforschen, Leipzig, 1784) in fast jedem Spielkartenbuch, meist zu Beginn, weil von der These ausgegangen wird, daß die ältesten Spielkarten auch die Ahnen aller nachfolgenden gewesen sein müßten.«

Wir wissen aus einer Quelle des 11. Jahrhunderts, daß das Kartenspiel in der Mitte der Tang-Zeit, also im 7. oder 8. Jahrhundert, aufgekommen sei. Damit haben wir einen Beleg, daß man in China zuerst die Spielkarten kannte. Der erste materielle Beleg ist die sogenannte »Turfankarte« aus China, die nach den Fundumständen in das 11. Jahrhundert zu datieren ist. Ausführliche Informationen über Spielkarten besitzen wir erst aus der späten Ming-Zeit, also aus dem 17. Jahrhundert.

Die bekanntesten chinesischen Spielkarten sind die Geldspielkarten, auf denen ein Spielwert mit einer mehr oder weniger langen Münzschnur bezeichnet wird. Es gibt Spiele, bei denen die Spielwerte in verschiedenen Farben mehrfach vorhanden sind, Spielsteine und Spielkarten für das Majong-Spiel, die man als Vorläufer für die später bei uns bekannten Kartenspiele bezeichnen kann. Wie überhaupt in China der Zusammenhang zwischen Spielsteinen und Spielkarten sehr eng ist. So gibt es von Majong und Domino und sogar von Schach Spielkartenversionen. Ob nun Punkte bzw. Augen auf

Holz, Elfenbeintäfelchen oder Papierstreifen angebracht waren — sie sind ein Hinweis darauf, wie Spielkarten entstanden sein könnten.

Während die typische Form für Spielkarten in China das schmale, hohe Rechteck ist, sind in Indien die Spielkarten in der Regel rund. Man leitet diese Form von Steinen her, wie sie bei Brettspielen verwendet werden, obwohl auch hier direkte Nachweise nicht erbracht werden konnten. Am bekanntesten ist in Indien ein Kartenspiel namens »Ganjifah«, für das acht Farben zu je zwei Trümpfen und zehn Zahlenkarten verwendet werden, ein Spiel mit insgesamt 96 Blatt. Die Trümpfe stellen jeweils einen König und einen Minister dar. Es gibt seit Jahrhunderten zahlreiche andere Kartenspiele in Indien, die jedoch zum Großteil im Westen nicht bekannt wurden.

Interessant ist, daß der erste Nachweis für Spielkarten in Europa aus einem Verbot gegen sie besteht, und zwar wurde in einer in Florenz 1377 ausgesprochenen Verordnung der Umgang mit Spielkarten verboten. Aus dem gleichen Jahr existiert ein Dokument, in dem Spielkarten erwähnt werden, und zwar der auf lateinisch geschriebene Traktat des in einem Schweizer Kloster lebenden deutschen Mönchs Johannes. Im Jahre 1378 folgten Verbote in Erlässen der Städte Regensburg und Konstanz. Im Jahre 1379 erscheint in den Rechnungsbüchern des Herzogtums Brabant ein Ausgabeposten für den Kauf von »speelquarten«.

Die negative Abgrenzung des Datums wird von Wissenschaftlern wie folgt geführt: In den Vorschriften für die Mönche, in denen 1363 der Abt von St. Germain unter Strafe des einwöchigen Weinentzugs das Würfelspiel verbietet, werden Spielkarten nicht erwähnt. Ebensowenig werden Spielkarten erwähnt im Erlaß Karls V., der sich 1369 gegen die Unsitte des Spielens wendet. Von Spielkarten sprechen weder Petrarca, der 1366 eine Handschrift über Spiele verfaßte, noch sein Freund Boccaccio, der in seinem Decamerone und in anderen Werken häufig über Spiele berichtete. Aus diesen Fakten kann man den vorsichtigen Schluß ziehen, daß die Spielkarten in Europa zwischen 1370 und 1377 bekannt geworden waren. Ungeklärt bleibt, ob die Spielkarten nach Europa importiert wurden, oder ob man sie in Europa erfunden hatte. Es gibt einige Theorien, wer sie aus dem Osten nach Europa gebracht haben könnte. Die einen sprechen dieses Verdienst dem Venezianer Marco Polo zu, der die Jahre 1271 bis 1292 in China zugebracht hatte. Doch in seinem Reisebericht, den er 1298 und 1299 während seiner Gefangenschaft in Genua diktierte, erwähnt er die Spielkarten nicht. Andere behaupten, Zigeuner aus Indien hätten die Spielkarten zu uns gebracht. Auch hierfür gibt es keine Beweise, obwohl das Auftreten der Zigeuner in Europa mit dem Erscheinen der Spielkarten genau zusammentrifft. Denn die Anwesenheit der Zigeuner kann erstmals nachgewiesen werden in Kreta 1322, in Korfu 1346, in Rumänien 1370 und in Böhmen 1398. Eine dritte Theorie spricht von den Sarazenen und Mauren, die das Kartenspiel über Spanien nach Europa gebracht hätten.

Im 15. Jahrhundert hatten sich Kartenspiel und Spielkarten in Europa durchgesetzt

Wahrsagen und Tarock

In einer Predigt, die ein oberitalienischer Franziskaner zwischen 1450 und 1470 gehalten hat, wandte er sich gegen Würfel, Spielkarten und »trionfi« als Grundlage des Spiels. Hier wird ein deutlicher Unterschied gemacht zwischen dem einfachen, vierreihigen Kartenspiel und dem Spiel mit 22 zusätzlichen Karten, die man in Italien »tarocchi«, »attuti« oder »trionfi« und in Frankreich »atouts« nannte, da sie über alle anderen Karten triumphierten.

Der Spielkarten-Experte Roger Tilley faßt zusammen: »Aus den vorhandenen Quellen kann also mit Sicherheit geschlossen werden, daß die ersten Karten um 1370 in Europa auftauchten, daß ein Spiel aus 52 Blatt bestand, daß um 1470 die 22 ›tarocchi‹ oder ›trionfi‹ als geschlossenes Spiel hinzukamen und daß zu einem späteren Zeitpunkt die beiden Kartenspiele zum heutigen Tarockspiel vereinigt wurden. In Venedig fügte man zu dieser Kombination noch vier Königinnen hinzu (52 + 22 + 4 = 78 Blatt) und bezeichnete das Spiel in dieser Zusammensetzung als ›tarocchi‹.«

Das erste Zeugnis, daß man Spielkarten auch zum Wahrsagen verwendet hat, stammt aus den achtziger Jahren des 15. Jahrhunderts. Zu dieser Zeit, als die Spielkarten in Europa schon über ein Jahrhundert in Gebrauch waren, entstand in Mainz ein »Kartenlosbuch«, das dazu dienen sollte, Licht in die Zukunft zu bringen. Man zog aus dem gemischten Kartenstapel eine Karte heraus und konnte dann im Losbuch nachlesen, was etwa die Herz-Drei oder der Laub-König für eine Bedeutung hatten.

Viele Jahre wurde »tarocchi« eher als ein Kartenspiel angesehen denn als ein Mittel zur Weissagung. Erst im 18. Jahrhundert behauptete ein Okkultist namens Antoine Court de Gebelin, der »Tarot« (so lautet der französische Name des Spiels) sei ein Überbleibsel des Buches Toth, das ein ägyptischer Gott der Magie geschaffen habe, um damit seinen Schülern all sein Wissen zu übergeben. Erst im 19. Jahrhundert brachte ein anderer Okkultist namens Eliphas Lévi die 22 Tarot-Karten mit der Kabbala in Verbindung. Historische Beweise für beide Annahmen sind allerdings nicht aufzufinden.

Seither haben die Menschen den Tarot tiefer erforscht und dabei immer mehr Bedeutungen, Weisheiten und Erleuchtungen gefunden oder zu finden geglaubt. Wem dabei tatsächlich eine Erleuchtung zuteil wurde, dem hat sie sicher geholfen. Wie wir später sehen werden, dient eine sinnvolle Meditation der geistig-geistlichen Sammlung und kann einen Menschen entspannen und zu seinem eigenen inneren Grund führen. Wichtig ist, daß die Meditation nicht zur Flucht aus dem Alltag führt, sondern bei der Bewältigung des Alltags hilft.

Wenn man nun den Tarot für mystische Zwecke verwendet, bezeichnet man alle 78 Karten mit dem Wort »Arkanum«, das im Lateinischen soviel wie Geheimnis, Geheimmittel bedeutet. Später unterschied man die 22 Trumpfkarten des »Großen Arkanums« und die 56 einfachen Karten des »Kleinen Arkanums«, die jeweils aus den Werten 1 bis 10 und den Figuren Bube, Ritter, Königin und König in den Symbolen Stäbe, Kelche, Schwerter und Münzen bestehen. Man kann das Wort »Arkanum« auch auf eine einzelne Karte anwenden. Dann muß man für mehrere Karten die lateinische Mehrzahl benützen und die 22 Trumpfkarten »Die Großen Arkana« und die 56 einfachen Karten »Die Kleinen Arkana« nennen.

Eingeweihte benützen zum Legen und Deuten ausschließlich die 22 Karten des »Großen Arkanums«, denn darin wären wirklich alle Ergebnisse des menschlichen Denkens enthalten, behaupten sie. Es gibt aber auch einfachere Deutungsmuster für das »Kleine Arkanum« und somit Kartenleger, die zum Wahrsagen alle 78 Karten benützen. Wir halten uns im folgenden an die Eingeweihten und benützen nur das »Große Arkanum«. Als Ergänzung werden allerdings auf den folgenden vier Seiten die Karten des »Kleinen Arkanums« kurz erläutert.

- Das Kleine Arkanum der Stäbe entspricht im normalen Kartenspiel der Farbe Karo. Die Stäbe sind das aktive Prinzip des Spiels, sie gelten als Waffe und stehen in Beziehung zum Feuer. Sie symbolisieren also Macht, schöpferisches Tun, Unternehmungsgeist und Handeln. Sie entsprechen dem Sommer und der Wärme, den Sternzeichen Krebs, Löwe und Jungfrau.

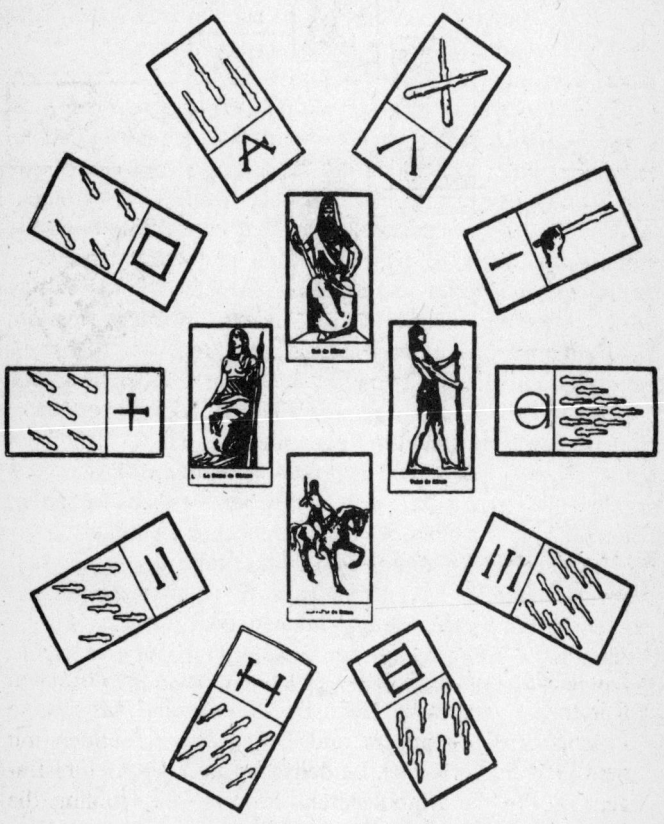

Das Kleine Arkanum der Stäbe

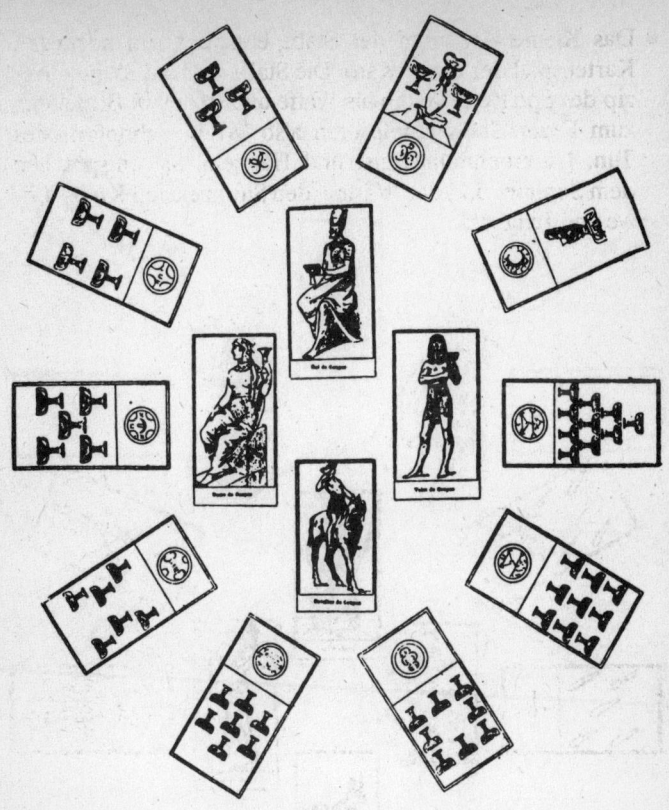

Das Kleine Arkanum der Kelche

- Das Kleine Arkanum der Kelche entspricht im normalen Kartenspiel der Farbe Herz. Die Kelche sind das passive Prinzip des Empfängers und Ernährers, verbunden mit dem Herzen, der Liebe, Leidenschaft und den Gefühlsfragen. Die Kelche symbolisieren die Luft, den Frühling, die Erneuerung der Natur. Die entsprechenden Sternzeichen sind der Widder, der Stier und der Zwilling.

Das Kleine Arkanum der Schwerter

- Das Kleine Arkanum der Schwerter repräsentiert nach oben gerichtet Licht und Klarheit, nach unten gerichtet steht es in Verbindung zum Wasser. Im normalen Kartenspiel entspricht das Schwert der Farbe Pik. Es ist ein Symbol der Macht, der Gerechtigkeit, des Sieges, aber auch der Irrtümer. Element ist das Wasser, Jahreszeit der Winter mit Steinbock, Wassermann und Fischen.

- Das Kleine Arkanum der Münzen entspricht im normalen Kartenspiel der Farbe Kreuz. In den Münzen vereinigen sich die vorhergehenden Serien der Stäbe, Kelche und Schwerter. Sie betreffen den materiellen Bereich, besonders den Handel und Geldangelegenheiten. Element der Münzen ist die reiche, ernährende Erde. Die entsprechende Jahreszeit ist der Herbst mit den Zeichen Waage, Skorpion und Schütze.

Das Kleine Arkanum der Münzen

2.
Das Große Arkanum

Das Weltall

Das ganze Universum besteht im engeren Sinne aus der Gesamtheit der Sterne und Sternsysteme, im weiteren Sinne aus der gesamten Natur und ihren Materien, Kräften, Veränderungen und Gesetzmäßigkeiten. Die Naturwissenschaften erforschen die Natur als Gegenstand der Erfahrung, die Philosophie sucht sie metaphysisch zu deuten, die Kosmologie erforscht das Weltall als Ganzes. Heute geht sie weit über die in der Antike begonnenen Bemühungen hinaus, die Gestalt der Erde und ihr Verhältnis zu Sonne und Mond und den übrigen Himmelskörpern zu klären. Im Weltbild der Sumerer war die Erde von Wasser umgeben, während Sonne, Mond und Sterne in einem kuppelförmigen Firmament schwebten.
In früheren Zeiten war der Himmel den Menschen unheimlich. Sonne, Mond und Sterne kamen und gingen, ließen auf geheimnisvolle Weise Tag und Nacht, Ebbe und Flut, vier Jahreszeiten entstehen und vergehen. Die ganze Natur war ihnen unterworfen. Kein Wunder, daß überall auf der Erde Mythen und Sagen entstanden, denen zufolge der Himmel mit Göttern, Dämonen und Helden bevölkert war, die auch auf der Erde ihr Wesen oder Unwesen trieben.
Später, als die Menschen den Himmel regelmäßig beobachteten, entdeckten sie Gesetzmäßigkeiten, Sonnenwenden, Tagundnachtgleichen, Mondzyklen usw. und lernten sie zu deuten. In systematischen Himmelsstudien erkannten sie sieben wandernde Planeten, zu denen man damals auch Sonne und Mond zählte, und ein Band von Sternbildern, das von der Sonne innerhalb eines Jahres durchlaufen wurde. Sie verknüpften die Gesetzmäßigkeiten der Sternenkunde mit den uralten Mythen und Erfahrungen. Die Ursprünge unserer Zeitrechnung und unseres Kalendersystems stammen aus der Zeit, in der die alten Babylonier den Tierkreis in Sektoren einteilten und Berechnungen über Sonnenlauf und Mondzyklus anstellten. Zum Teil haben die astronomischen Erkenntnisse der Babylonier heute noch ihre Gültigkeit. Auch wenn

Atlas trägt die Welt auf seinen Schultern, Holzschnitt, 1559.

in unserem Weltbild seit Kopernikus die Sonne im Mittelpunkt steht.

Bis auf den heutigen Tag haben sich auch die geheimnisvollen Mythen und Erfahrungen gehalten, die mit den Gestirnen und Göttern verbunden worden waren. Sie begegnen uns in der Astrologie, im Tarot und in verschiedenen Geheimwissenschaften, die alle wiederum in einem mystischen Zusammenhang stehen. Symbolisch angedeutet etwa im Bild von Atlas, der die ganze Welt auf seinen Schultern trägt. Alle Planeten im Inneren werden vom Tierkreis umschlossen. Dieser ist wiederum Teil der Himmelssphäre, deren Mittelpunkt die Erde bildet.

Zu den geheimnisvollsten Symbolen uralten Wissens gehören die 22 Karten des »Großen Arkanums«, die von Eingeweihten in vielerlei Art mit Planeten, Tierkreiszeichen und anderen Symbolen in Verbindung gebracht werden. Der Tarot-Experte Joachim Winckelmann sagt, sie sind »aufgeladen wie Kondensatoren mit Elektrizität. Sie geben ihre Ladung an den ab, der es versteht, den geistigen Anschluß an sie zu finden. Sie laden sich immer wieder auf, bereit, ihr Wissen dem Würdigen stets von neuem zu geben.«

Diese Karten sind Repräsentanten der Urbilder, der geistigen Entwicklungsprinzipien des Menschen. In ihnen sind die menschlichen Erfahrungen durch viele Generationen hindurch verdichtet. Sie wirken auf den bewußten Teil eines Betrachters ein, wenn er sich für die Wirkung öffnet, wie das z.B. bei Meditation und Konzentration der Fall ist. Sie dienen dann als ordnende und Einsicht verschaffende Bewußtseinsmodelle, durch die äußere und innere Wirklichkeiten in sinnvoller Art strukturiert werden.

Lesen und Erkennen

Wer sich mit dem Tarot beschäftigt, muß zunächst die 22 Karten des Großen Arkanums kennenlernen. Dazu sind die folgenden Punkte zu beachten.

- Entspannen Sie sich an einem ruhigen Ort. Vermeiden Sie Hast und Eile und sorgen Sie dafür, daß Sie nicht gestört oder abgelenkt werden.

- Lesen Sie die folgenden Texte durch. Konzentrieren Sie sich dabei jedes Mal auf eine ganz bestimmte Karte. Es kommt darauf an, »zwischen den Zeilen« zu lesen, ein Gefühl für das gesamte Urbild zu bekommen.

- Bei jeder Karte wird zuerst die Symbolik erklärt. Dann folgt die Quintessenz der gesamten Aussage, also die wesentlichen Schlagworte. Dann folgt eine kurze Zusammenstellung der kabbalistischen Bedeutung. Sie hilft demjenigen, der tief in die mystischen Geheimnisse der Kabbala eindringen möchte. Zum Abschluß wird jeweils die Divination erläutert. Das sind Hinweise zur Weissagung, die mit aller Vorsicht zu behandeln sind. Sie erschließen sich niemandem, der vordergründig ein schnelles Urteil erwartet. Sie helfen nur dem, der tief in die Symbolik eingedrungen ist.

- Es gibt sehr viele Tarot-Interpretationen, die zum Teil deutlich voneinander abweichen. Studieren Sie von Zeit zu Zeit auch andere Interpretationen, und versuchen Sie, Übereinstimmungen und Gegensätze zu erkennen. Es wird Ihnen gelingen, zu einem gemeinsamen Urbild vorzudringen.

- Wann immer Sie sich mit dem Tarot beschäftigen: Bereiten Sie sich geistig vor. Öffnen Sie sich, damit Sie alles, was aus den Karten auf Sie einströmt, bewußt oder intuitiv empfangen können.

Der Magier 1

Andere Namen: Der Gaukler, Osiris, Aktivum

Symbolik:

Auf dem Kopf trägt der Magier einen Hut in der Form einer liegenden Acht. Das ist das Symbol des allumfassenden Lebens, des unendlichen Kreises. Er weist darauf hin, daß der Magier durch seine schöpferischen Kräfte mit dem Unendlichen in Verbindung steht. Der Stab in seiner Hand stellt die konkrete Materie dar, die der Mensch mittels seiner schöpferischen Kräfte beeinflussen kann. Die andere Hand hält ein Stück Gold. Der Magier jongliert gleichsam mit der Materie und dem Geist. Der Tisch hat drei sichtbare Beine, die man als Sinnbilder der dreidimensionalen Welt deuten kann. Auf dem Tisch liegen verschiedene Elemente, die im Schöpfungsprozeß eine Rolle spielen.
Die Pflanzen zu seinen Füßen lassen an die Wiedergeburt denken, an die schöpferische Kraft der Natur. Der Magier ist das Bindeglied zwischen der Natur und dem Göttlichen. Er steht fest auf beiden Beinen, die Füße bilden einen rechten Winkel, ein Symbol der Ausgeglichenheit.
Der Magier ist ein Doppelwesen. Einerseits Gaukler und Zauberkünstler, der verbergen und täuschen will, andererseits kreativer Spielleiter, der die Regeln kennt. Einerseits gaukelt er mit seinem Stab Dinge vor, andererseits läßt er sie zu Gold werden. In seiner Reichweite sind all die Dinge ausgebreitet, aus denen sich das Universum zusammensetzt: Feuer (Stäbe), Luft (Kelche), Wasser (Schwerter) und Erde (Münzen), die vier Symbole des »Kleinen Arkanums«.
Der Gaukler ist Sinnbild für die Kreativität im Menschen. Er kann Dinge verändern, verschwinden lassen und neu erschaffen. Dazu braucht er geistige Fähigkeiten, Geschicklichkeit und Fantasie. Am Anfang des Großen Arkanums repräsentiert der Magier Bewußtsein, Handlung und Schöpfung. Selbstbewußt macht er von den Möglichkeiten des Lebens Gebrauch und verwirklicht sie.

Quintessenz:

Aktivität, Positivismus, Initiative, Selbstbewußtsein, Weisheit, Originalität, Kreativität, Vernunft, Ausgewogenheit.

Kabbala:

1. Buchstabe: Aleph (Ollef), der Vater, der Mensch, Sephirah Kether, Gottesname Ehjeh oder Wesen Gottes. Erster Chor der Engel Seraphim, bezeichnet die »Tiere der Heiligkeit«.

Divination:

Es bieten sich große Chancen zur Weiterentwicklung der Dinge. Mit Geschick und Ausgeglichenheit kann man mit allen Situationen fertig werden. Man darf nur nicht zu viel zugleich anpacken. Es wird einem bewußt, daß Macht ausgeübt werden kann. Man übt sie selbst aus, oder man bemerkt, daß man durch andere beeinflußt wird.

Es ist die Zeit für Anfänge aller Art. Neue Projekte oder neue Lebensphasen beginnen mit Schwung. Begeisterung hilft beim Durchhalten. Die schöpferischen Fähigkeiten des Magiers spornen auch andere an, woraus man Gewinn ziehen kann.

Gewarnt wird vor einer Zersplitterung der Kräfte, vor Energieverlust, Verkennung der Realität. Man möge seiner Fantasie in greifbaren Formen Ausdruck geben. Das schützt vor Wahnideen.

Die Hohepriesterin

Andere Namen: Die Päpstin, Isis, Passivum

Symbolik:

Eine sitzende Frauengestalt, gehüllt in lange Gewänder, trägt auf dem Kopf eine dreistöckige Tiara, das Symbol der drei Welten. Die dritte Stufe steigt aus dem Bild nach oben zum Himmel empor. Ein weißer Schleier unter der Tiara läßt an Reinheit denken, verbirgt das Wissen. Dieses Wissen wird auch vom gespannten Tuch hinter der Hohepriesterin und vom Buch, das sie hält, symbolisiert. Das Tuch verbirgt den Himmel und seine Geheimnisse. Das geöffnete Buch ist das Buch der Bücher. Die Priesterin hat seinen Inhalt aufgenommen. Sie bewahrt ihn und wartet darauf, ihn weiterzugeben zu können.

Die Hohepriesterin sitzt, das ist ein Zeichen von Passivität. In der Tradition stellt sie die Zauberin, die Göttin dar, die an der Schwelle zum Tempel wacht. Sie besitzt die Attribute der Macht, die Tiara, und des Wissens, das Buch. Damit stellt sie ein Bindeglied dar zwischen dem Geistigen und dem Materiellen, zwischen der Idee und dem Leben. Sie kann Gegensätze ausgleichen, vermitteln, trösten und inspirieren.

Die Hohepriesterin sitzt zwischen den Säulen, die den Eingang zum Tempel bilden. Da führt auch der Weg hindurch, den der Mensch nehmen muß, will er zur wahren Erkenntnis gelangen. Ist er hindurchgegangen, heben sich Gegensätze auf. Er darf auf dem Thron der Hohepriesterin Platz nehmen, er kann einen Blick hinter die Schleier werfen. Diesen Weg muß der Mensch nehmen, um sein Ziel zu erreichen. Durch Widerstände und Unstimmigkeiten zur Quelle des Trostes.

Entwicklung und Erkenntnis sind nicht möglich, ohne daß vorher Widerstände zu überwinden waren. Innere Zerrissenheit und Unausgeglichenheit müssen überwunden werden. Man muß das Schicksal auf sich nehmen, durch innere Kämpfe wachsen. Die Hohepriesterin weist den Weg zur Befreiung, zur Versöhnung mit dem Schicksal.

Quintessenz:

Passivität, Intuition, Wissen verborgener Dinge, Ausgleich von Gegensätzen, Unangreifbarkeit, Quelle des Trostes, der Inspiration.

Kabbala:

2. Buchstabe: Beth (Beis), die Mutter, Mund des Menschen, Sephirah Chochmah, Gottesname Bachow oder Klarheit. Der Auserlesene, die Engel zweiter Ordnung Ophanim und Cherubim, Sphären des Mondes, Montag.

Divination:

Die Hohepriesterin verkörpert große innere Kraft und Harmonie. Diese Tugenden können nun genutzt werden. Es kommt auf die Umgebung an, was der einzelne daraus macht. Den einen führt es zu Reinheit und Wissen, den anderen zur Einsamkeit, weil er das Wissen verschleudert hat. Oft gelingt es, große Probleme intuitiv zu erkennen, Möglichkeiten zu realisieren.

Oft gelingt es nicht, Gefühle in Handlungen umzusetzen. Es herrscht Dunkelheit, die entweder ängstigt oder einen passiven Rückzug ermöglicht. Nun hat man die Gelegenheit, Schlafendes zu erwecken und zu beleben, Schleier zu entfernen.

Gewarnt wird vor Unsicherheit, Geschwätzigkeit und Geheimnisverlust. Ohne Widerstände gibt es jedoch kein inneres Wachstum.

Die Herrscherin 3

Andere Namen: Die Urmutter, Geist, Neutrum

Symbolik:

Eine alte Frau sitzt auf dem Thron. Sie ist im Besitz der Weisheit. Es steigt Kraft auf, von ihren Füßen bis zum Kopf, der eine Krone trägt. Die Herrscherin symbolisiert den souveränen Geist. Das Zepter in ihrer linken Hand versinnbildlicht die Kraft der Erhebung, den aus der Materie ausströmenden Geist und die Macht, über die materielle Welt zu herrschen. Die Halskette ist ein Zeichen von Reichtum und ein zweiter Hinweis auf die fruchtbare Kraft. Der Schild in ihrer rechten Hand trägt einen goldenen Adler. Dieser Vogel ist ein königliches Zeichen, das zur Symbolik des Himmels gehört.

Während die Hohepriesterin zum Eintritt in die Welt des Wissens einlädt, sendet die Herrscherin die friedliche Kraft der strahlenden Intelligenz aus, die befruchtet und eine Quelle der Erleichterung sein soll. Auf dieser Basis kann man handeln, denn sie ist verbunden mit außergewöhnlicher Stabilität.

Die zweite Bedeutung dieser Karte ist das Symbol der Urmutter, als Zeichen der stofflichen Welt und der darin wirkenden Naturkräfte. Die Urmutter trägt Sorge für unser Leben, die Gesundheit und die Vitalität. Ihre Aufgabe ist es, neues Leben zu gebären, was nicht nur auf den Menschen beschränkt bleibt. Es gilt, alles organische Leben zu gestalten und zu erhalten.

Die Urmutter schenkt dem Menschen Sicherheit, Geborgenheit und stellt ihm die Verbindung her zur Quelle seiner eigenen Existenz. Sie ist zugleich das Symbol der Jugend, in der das sorglose Dasein noch stark von vitalen Kräften und Einfalt bestimmt wird.

Die Herrscherin regiert über die Natur und die Himmelsräume. Die Zacken ihrer Krone repräsentieren die Tierkreiszeichen. Der Adler ist bereit aufzufliegen, der Sonne entgegen.

Quintessenz:

Weisheit, Vernunft, Vitalität, Fruchtbarkeit, Sorgfalt, Schutz, Beobachtungsgabe, Begriffsvermögen, Aufrichtigkeit, Treue.

Kabbala:

3. Buchstabe: Ghimmel (Gimmel), die Natur, Hand beim Greifen, Sephirah Binah, Gottesname Gadol oder Der Große. Engel Aralym, Form der Materie, das Tetragrammanton, Sphäre der Venus, Freitag.

Die Herrscherin

Divination:

Es herrscht Stabilität und materielles Wohlergehen. Die Herrscherin vermittelt Leidenschaft und Lust in einer Zeit, die nicht so sehr vom Intellekt bestimmt ist. Das vitale, organische Leben schenkt Sicherheit, Geborgenheit, Sorglosigkeit. Veränderungen und Erneuerungen werden abgelehnt. Die passive Lebenseinstellung führt oft zum Stillstand der Entfaltung. Wenn sich die kreativen Kräfte nicht entfalten, kann man andererseits durch Spontaneität und Zutrauen Gunst und Freundschaft gewinnen. Es ergibt sich eine ungezwungene Atmosphäre, in der einen Gespräche und kleine Opfer weiterbringen.

Gewarnt wird vor einem Abschweifen ins Abstrakte, vor Wirkungsverlust, Eitelkeit und Oberflächlichkeit. Man sollte sich den Blick für das Machbare nicht trüben lassen.

Der Herrscher

Anderer Name: Das Gesetz   4

Symbolik:
Ein Mann sitzt auf dem Thron, nicht breit ruhend, sondern dem Handeln zugewandt, das Gesicht im Profil. Haupthaar und gepflegter Bart symbolisieren Weisheit. In der rechten Hand hält er wie die Herrscherin das Zepter. Er besitzt nicht nur die Macht über die Materie — er nutzt sie auch, er regiert wirklich. Die linke Hand am Gürtel hält die Impulse zurück, ein Zeichen von Selbstzucht. Die gekreuzten Beine zeigen Zurückhaltung und Verteidigungsbereitschaft an. Die Krone auf dem Haupt gilt als Zeichen von Macht und Kraft. Der Wappenschild trägt — wie bei der Herrscherin — den Adler als Symbol des Himmels.

Der Herrscher sorgt sich um das Glück seiner Untertanen, aber er mißt den intellektuellen Dingen nicht so viel Bedeutung bei. Intelligenz und Macht sind für ihn Mittel, aus denen man Nutzen ziehen muß, sie sind aber keine Ziele für sich. Herrschen bringt Reichtum, symbolisiert durch die goldene Kette mit dem Anhänger, einem Stein. Dieser weist darauf hin, daß der Herrscher zu mehr Gefühlen neigt als die Herrscherin.

Der Herrscher ist absoluter Souverän und ergänzt die Herrscherin. Bei ihr führt die Intelligenz zur Weisheit, bei ihm befiehlt die Weisheit der Intelligenz, sich in den Dienst des Handelns zu stellen. Er repräsentiert die konstruktive Arbeit, die soliden Grundlagen, den Schutz, die Ratschläge, das Gesetz.

Die viereckige Form des Throns kann als Vereinigung der vier Grundelemente gedeutet werden. Das Dreieck Haupt — Hand — Ellenbogen als Symbol des Geistes. Das Dreieck auf dem Viereck symbolisiert dann die Herrschaft des Geistes über die Materie. Daraus erwachsen ausgleichende Fähigkeiten, Organisationsvermögen, Konstruktivität sowie die praktische Anwendung von Kreativität im Leben, speziell beim Herrschen. Das Gesetz, über das er herrscht, wird von ihm auch aktiv bestimmt.

Quintessenz:

Erleuchtung, fleischgewordenes Wort, Konzentration von Gedanken und Willen, Energie, Schlußfolgerung, Führungsbefähigung, Ehrgeiz.

Kabbala:

4. Buchstabe: Daleth (Dolled), das Gesetz, die Macht, Busen oder Schoß, Sephirah Chesed oder Milde, Gnade, Gottesname Dagoul oder Der Erhabene. Engel Hasmalin, Gestaltung der Materie, Sphäre des Jupiter, Donnerstag.

Divination:

Mit Macht und Autorität werden Gesetze durchgesetzt. Es herrscht zielbezogene Arbeit, Intelligenz und Selbstbeherrschung. Es gilt, die Umwelt harmonisch zu gestalten. Es gilt, im Inneren für Stabilität und Ordnung zu sorgen. Der Augenblick sollte genützt werden. Andererseits ist es müßig, Unerreichbares anzustreben, auch wenn die Macht dazu verlockt.
Man ist in der Lage, sich selbst Ziele zu setzen, mit Überlegung zu handeln, andere zu führen. Jede Herrschaft muß in verantwortlicher Weise durchgeführt werden. Oft dominiert der Herrscher so stark, daß neben ihm alles andere verkümmert.
Gewarnt wird vor Machtmißbrauch, Unausgeglichenheit, Entscheidungsfehler und Chaos. Vor Wohlwollen und Mitleid sollte sich ein kluger Herrscher nicht verschließen.

Der Hohepriester

Andere Namen: Der Papst, Der Hierophant

Symbolik:

Der Hierophant sitzt ehrfurchterweckend auf seinem Thron. Er repräsentiert Weisheit und Erfahrung. Er kennt — wie die Hohepriesterin — die Geheimnisse, aber er benötigt kein Buch. Und er teilt mit, was er weiß. Sein Zepter mit den drei Querbalken symbolisiert die schöpferische Macht in drei Welten, in der göttlichen, der intellektuellen und der körperlichen. Ein anderes Zeichen seiner Macht, die dadurch doppelt unter Beweis gestellt wird, ist seine Tiara. Das dritte Machtsymbol ist das Kreuz der Tempelritter, das er doppelt auf seinen Handschuhen trägt.

Anders als beim Herrscher hat das Bild des Hohepriesters keinen Kontakt mit dem Boden. Das läßt auf die geheimnisvolle Herrschaft schließen, in die er sich zurückgezogen hat. Dennoch muß er sein Wissen und seine Liebe mitteilen. Das wird durch zwei Mönche symbolisiert, die unter ihm knien. Sie sind an den beiden Haarkränzen schemenhaft zu erkennen. Die Übergröße des Hohepriesters wird im Verhältnis zu diesen beiden Mönchen ersichtlich, sie soll den Eindruck vermitteln, er wäre halb Gott, halb Mensch. Einer der Mönche nimmt die Botschaft aktiv mit erhobener Hand entgegen. Der andere ist passiv, er empfängt das göttliche Wort in Demut.

Der Hierophant sitzt zwischen zwei Säulen und fängt dabei die Energie des Geistes ein. Im Gegensatz zu den drei vorhergehenden Karten stellt er ein sehr männliches, aktives Symbol dar. Er repräsentiert das religiöse und das geistige Leben im Alltag. Doch reicht seine religiöse Tradition über das alltägliche Wissen hinaus. Er argumentiert nicht, er offenbart Erkenntnisse höherer Ordnung. Er gibt den Menschen Einblick in die Rätsel des Lebens, allerdings in einer Form, die von religiösen Traditionen umschlossen ist. Es kann jedoch nur ein kleiner Teil des Lebens ergründet werden.

Quintessenz:

Glauben, forschende Wahrheit, Übersinnlichkeit, Religion, transzendentes Wissen, Pflicht, moralisches Gesetz, Autorität.

Kabbala:

5. Buchstabe: He (Hei), Atem, Religion, Sephirah Geburah gleich Macht, Stärke, Gottesname Hadom oder Der Majestätische, Engel Seraphim, die Elemente.

Der Hohepriester

Divination:

Die Zeit ist günstig für eine moralische und geistige Weiterentwicklung. Der Hohepriester vermittelt Ideen und Verhaltensregeln und überträgt damit Verantwortung. Geheimnisse werden ergründet. Demut und innere Berufung sollten nicht fehlen. Einerseits neigt man zum Gehorsam hin, andererseits können sich unvermittelt originelle Ideen entwickeln.
Religiöse Tradition reicht über das alltägliche Wissen hinaus. Das gibt dem Priester das Recht, andere zu belehren. Man kann jedoch nur einen kleinen Teil des Lebens ergründen. Es ist Gleichgewicht zu bewahren zwischen innerem Streben und äußeren Pflichten. Auch weltliche Aufgaben sind zu lösen.
Gewarnt wird vor Aberglauben, übermäßigem Stolz und dem Ausnutzen erworbener Fähigkeiten, um andere fehlzuleiten.

Die Entscheidung 6

Andere Namen: Die Schönheit, Die Liebenden, Die Wahl, Der Scheideweg

Symbolik:

Ein Mann muß sich für eine von zwei Frauen entscheiden. Er steht fest auf der Erde, was auf Gesundheit deutet, und er ist jung, was den Sinn von Unerfahrenheit hat. Eine der Frauen berührt das Herz des Mannes, sie symbolisiert Anmut, Reinheit, Liebe und Hingabe. Die andere Frau repräsentiert die Kraft, das Begehren, indem sie den Jüngling an der Schulter ergreift. Der Mann schwankt zwischen beiden Frauen, er hält sich mehr an die eine, sieht aber die andere an. Das ist das Aufeinandertreffen von reiner Liebe auf bewußte Liebe, der Gegensatz zwischen platonischer und aktiver Liebe. Welche Entscheidung die bessere ist, wird nicht gesagt. Keiner der vorgeschlagenen Wege scheint unheilvoll zu sein.
Über den Köpfen kommt Amor, der Gott der Liebe, aus der Sonne hervor, die das Symbol der Reinheit und Energie darstellt. Der Amor ist nackt und symbolisiert die menschliche Liebe. Er richtet seinen Pfeil nach unten, als wolle er die Entscheidung herbeiführen. Geistige und körperliche Aktionen sollen durch die Sonne und durch den Liebesgott miteinander verbunden werden.
Der Liebende steht vor der Wahl, eine schwere Prüfung steht ihm bevor. Daß die Pfeilspitze auf das Herz des Jünglings und die Hand der einen Frau zielt, wird oft auch als gefährliche Versuchung gedeutet, die eine ideale Liebe darstellt. Es geht hier vor allem um eine innere Wahl. Hier wird Unentschlossenheit ausgedrückt, die auf Unerfahrenheit beruht.
Manche Entscheidungen sind von großer Bedeutung. Sie legen den Lebenslauf fest und können Gefahren beinhalten. Obwohl der Mensch frei wählen kann und sich dadurch selbständig entfaltet, entsteht eine unwiderrufliche Entscheidung mit all ihren Konsequenzen. Späteres Bedauern ist sinnlos und nützt nichts mehr.

Quintessenz:

Freiheit, Wahl, Beweis, Abwägen, Zweifel, Unruhiger Kampf gegen die Schwierigkeiten, Gefühl, Zuneigung, Prüfung.

Kabbala:

6. Buchstabe: Vau (Woow), Freiheit, Auge, Ohr, Sephirah Tiphereth gleich Schönheit, Gottesname Vezio oder Der Glänzende. Engel Malakim, die Metalle und Mineralien.

Divination:

Eine Entscheidung ist fällig. Auch wenn Zögern oder Zweifel herrscht: Man muß sich seiner bewußt werden, die Gaben der Natur entwickeln, den eigenen Widersprüchen ins Auge sehen. Dann ist es leichter, einen Entschluß zu fassen. Vorteilhaft ist es, die Situation genau zu analysieren, verschiedene Möglichkeiten gegeneinander abzuwägen, ohne Hast zu handeln.

Die Entscheidung bezieht sich häufig auf die Liebe, die Ehe oder andere zwischenmenschliche Verhältnisse. Oft kann praktischer Beistand oder emotionale Unterstützung erwartet werden. Manchmal lähmt eine vergangene Beziehung die Entscheidungsfreude.

Gewarnt wird vor Unreife, Untreue, Unzufriedenheit und Zweifel. Oft werden Entscheidungen überhastet getroffen. Das kann zu Handlungsunfähigkeit und Ratlosigkeit führen.

Der Triumphwagen

7

Anderer Name: Wagen des Osiris

Symbolik:

Ein junger Mann steht aufrecht in einem Wagen, der von zwei Pferden gezogen wird. Er trägt eine Krone, ein göttliches Zeichen. Er weitet sein Handeln auf die körperliche, intellektuelle und geistige Welt aus. Das Zepter in seiner rechten Hand weist aus, daß er der Herr in seinem Bereich ist. Er führt den Wagen, also handelt er eher mit dem Intellekt. Sein Unterkörper ist verborgen, er befindet sich in Verbindung mit der Materie. Hinter ihm sind vier Säulen. Er hält sich in der Mitte und schafft ein Gleichgewicht zwischen dem Geist und der Kraft des Handelns.

Dasselbe Gleichgewicht findet man in den Schulterstücken wieder. Das linke repräsentiert den Mond, die Intuition, die geheimen Kräfte, die Vergangenheit, die Fantasie und die Träume, das rechte symbolisiert die Sonne, den triumphalen Sieg, die Weiterentwicklung, das Feuer und die Schöpfung. Die Buchstaben auf dem herzförmigen Schild sind alchimistische Zeichen oder Embleme der Majestät.

Der Wagen ist Symbol der Beweglichkeit, auch die Pferde sind in Bewegung. Sie scheinen in verschiedene Richtungen zu laufen. Man weiß jedoch, daß sie der Wagenlenker kontrollieren und richtig leiten wird. Die Dualität Körper-Geist, die sie ausdrücken, wird vom Mann zu einem einzigen Prinzip zusammengeführt.

Das stärkste Element der Karte ist das aktive Prinzip, das auf ein Ziel ausgerichtet ist. Es herrscht ein Gleichgewicht der Kräfte. Man weiß, wohin es geht, und es geht nach vorne.

Vielleicht handelt es sich um einen Siegeswagen, der aus den vier Säulen, den Grundelementen der Schöpfung, umgebildet wurde. Der Lenker hat sich in äußeren Schöpfungen festgelegt und muß sich auf äußere Dinge konzentrieren.

Quintessenz:

Herrschen, Triumph, Gelehrsamkeit, Geschäftssinn, Besitzstreben, Fortschritt, einseitige Interessen.

Kabbala:

7. Buchstabe: Zain (Sojin), Eigentum, der Pfeil, Sephirah Nezach gleich Sieg, Gottesname Zakai oder Herrliche Welt. Engel, die Kinder Elohims, die Pflanzen.

Divination:

Durch die Kraft der Persönlichkeit wird eine Situation erfolgreich gemeistert. Widersprüche werden unter Kontrolle gehalten, allerdings nicht miteinander ausgesöhnt. Fast überall sind Triumph und Erfolg möglich, vor allem im gesellschaftlichen Bereich. Die Zeit verlangt nach Verantwortlichkeit und Selbstbeherrschung, denn Erfolg muß nicht alles sein.

Es geht vor allem um weltliche Güter, um materiellen Besitz. Es entfaltet sich oft oberflächliches Streben nach Reichtum und Ansehen. Der tiefere Sinn des Lebens bleibt verborgen, die Persönlichkeit entwickelt sich einseitig.

Gewarnt wird vor geschäftlichen Schwierigkeiten, gesundheitlichen Störungen, Unfall und Katastrophen. Willenskraft allein reicht oft nicht aus. Manchmal sollte man auch nachgeben.

Die Gerechtigkeit

Anderer Name: Der Weg des Gesetzes

Symbolik:

Auf dem Thron sitzt eine Frau mittleren Alters. Die ausgewogenen Farben Gelb, Blau und Rot werden als die Welten des geistigen Lebens, der Intelligenz und des Handelns gedeutet. Das Grün fehlt, also die Natur und die materielle Welt. Da die Frau sitzt, symbolisiert ihre Haltung Passivität. In der rechten Hand hält sie das Schwert der Gerechtigkeit, in der linken die Waage. Auf dem Kopf trägt sie eine Krone, das Emblem der Sonne.

Die Gerechtigkeit beschränkt sich nicht auf die Rolle des Richtens. Das zum Himmel gerichtete Schwert ist ein Zeichen der Drohung und der Strafe. Auch wenn die Gerechtigkeit das Recht auf dem Intellekt und dem Bewußtsein ruhen läßt, ist sie dennoch nicht ohne Aktivität (rote Farbe).

Gerechtigkeit handelt auf zwei Ebenen. Einerseits drückt sie die absolute Wahrheit aus, das Recht, die äußere Gerechtigkeit, die das gesellschaftliche und moralische Leben regelt. Andererseits repräsentiert sie die innere Gerechtigkeit, unser Gewissen. Sie symbolisiert den Menschen und gibt ihm die Kraft, sich so zu sehen, wie er ist. In der Nähe einer aktiven, männlichen Karte dominiert eher der erste Aspekt, in der Nähe einer passiven Karte ist eher der zweite Aspekt zu berücksichtigen.

Im allgemeinen kündigt die Karte Ausgeglichenheit an. Sie regt dazu an, sich Fragen über sich selbst zu stellen. Sie läßt an Ruhe, Stabilität, Zufriedenheit denken, auch wenn das nicht ihr wichtigster Bereich ist. Der Mensch steht vor einer Situation, in der er ein Urteil fällen, einen Beschluß fassen, eine Handlung vorantreiben muß. Es kann auch nötig sein, vermittelnd aufzutreten, auf bestimmte Normen hinzuweisen, die für eine Gruppe oder die Gesellschaft gelten. Immer muß man sein Gewissen befragen und die jeweilige Situation bedenken.

Quintessenz:

Gesetz, Ordnung, Moral, Gewissen, Rechtfertigung, Gleichgewicht, Beständigkeit, Logik, Urteilsfähigkeit, Ruhe.

Kabbala:

8. Buchstabe: Chet (Chess), Gerechtigkeit, Verteilung, ein Feld, Sephirah Hod gleich Ruhm, Gottesname Chesed oder Der Barmherzige, Der Fromme, Engel Benai Elohim, die Tiere.

Divination:

Es ist erforderlich, die absolute Wahrheit zu finden, das äußere Recht, das das moralische und gesellschaftliche Leben regelt. Aber auch die innere Gerechtigkeit, unser Gewissen, muß befragt werden. Man braucht Mut, um die Dinge so zu sehen, wie sie sind. Dann sind Stabilität, Ruhe und Zufriedenheit möglich. Ehrlichkeit im Handeln ist angebracht.

Alles was geschieht hat seine Wurzeln in den Entscheidungen der Vergangenheit. Man bekommt also, was man verdient. Von Vorteil ist es, die wahren Gründe der Entwicklung zu erkennen. Dann kann man daraus eine Lehre für die Zukunft ziehen.

Gewarnt wird vor Gewalttätigkeit, Lüge und Egoismus. Ohne gewissenhaftes Handeln entwickeln sich niedere Instinkte, Unehrlichkeit sich selbst und anderen gegenüber.

Der Einsiedler

Andere Namen: Der Weise, Der Eremit, Der Pilger

Symbolik:

Ein alter Mann ist unterwegs und wendet sich nach rechts. In der linken Hand hält er einen Stab, der den Weg symbolisiert, auf den sich der Mann begeben hat, nämlich die Pilgerfahrt. Dabei dient der Stab als Stütze, aber auch als Waffe. Da dieser Stab fleischfarben ist, wird er oft damit gedeutet, daß er die Energie der Erde einfängt, die direkt in den Geist fließt. Damit kann sich der Einsiedler gegen menschliche Fehler verteidigen. Mit der rechten Hand hebt der Alte eine Laterne, Symbol des inneren Lichtes, das der Weise Tag und Nacht braucht. Er ist auf der Suche nach der Wahrheit, bis die göttliche Weisheit sein Inneres erleuchtet.

In demütiger Haltung geht der Einsiedler seinen Weg. Er will nicht predigen oder demonstrieren, daß sein Weg der einzig richtige ist. Er folgt in erster Linie einem inneren Weg, der persönlichen Erleuchtung. Er folgt dem göttlichen Ruf, losgelöst von der materiellen Welt. Seine Weisheit, die er entwickelt, ist Klugheit, die schon zur Welt der geheimen Dinge gehört. Auf körperlicher Ebene symbolisiert der Einsiedler das Alter und das lange Leben.

Der weite Mantel schirmt den Weisen von der Außenwelt ab. Sein nach innen gerichtetes Wesen läßt ihn die Stille und die Einsamkeit aufsuchen. Nur dort kann er zu den Einsichten kommen, mit denen er die Geheimnisse des Lebens entschlüsseln kann.

Der sechszackige Deckel der Laterne weist in mehrere Richtungen, das Licht strahlt auf den Einsiedler, aber auch von ihm weg auf den Weg. Einerseits bedeutet auch diese Karte einen Rückzug von der äußeren Welt, mit der Absicht, unbewußte Kräfte zu aktivieren. Andererseits hilft der Einsiedler anderen, ihren Weg zu finden. Dabei kann er Lehrer, Führer und Therapeut sein.

Quintessenz:

Enthaltsamkeit, Einsamkeit, Klugheit, Diskretion, Einsicht, Inspiration, Besonnenheit, Sparsamkeit, Methodik.

Kabbala:

9. Buchstabe: Thet (Thess), Klugheit, das Dach, Sephirah Jesod gleich Fundament, Gottesname Tehor oder Der Reine. Die Schutzengel.

Divination:

Es ist die Zeit der Weisheit, des Rückzuges von Äußerlichkeiten. Innere Sammlung und Vernunft sind wichtiger als Eingebung und Fantasie. Man trifft auf einen Lehrer, einen Mann der Wissenschaft, auf die Erfahrung des Alters. Wahrheit ist wichtiger als irdische Güter. Meditation und Ergebenheit helfen dem Ratsuchenden, zu seinen inneren Bedürfnissen zu finden.

Prüfungen haben den Weisen zur Erkenntnis geführt, daß die menschliche Existenz nur durch ein Leben im Geist Sinn und Inhalt erhalten kann. Man muß sich besinnen und das Wichtige vom Unwichtigen trennen. Das führt zu Gleichmut und Harmonie.

Gewarnt wird vor Furchtsamkeit, Flucht vor der Realität, Weltferne und Unreife. Wer an bedeutungslosen Aktivitäten festhält, geht oft der Verantwortung aus dem Wege.

Das Schicksalsrad

Andere Namen: Das Lebensrad, Das Glücksrad

Symbolik:

Ein Rad mit sechs Speichen dreht sich in einem Gestänge. Es ist das Lebensrad, das durch göttliche Kräfte getrieben wird. In seiner endlosen Drehung, seinem immer wiederkehrenden Vorgang, symbolisiert es das menschliche Handeln, die alltäglichen Geschäfte. Die Achse in der Mitte bleibt trotz der ständigen Veränderung immer gleich. Aber auch die Veränderung findet nur scheinbar statt. Wenn man das sich drehende Rad länger beobachtet, erkennt man, daß es sich nicht von der Stelle bewegt, daß immer wieder dieselben Situationen entstehen.

Drei Lebewesen sind mit dem Rad verbunden. Ein einfacher Mensch, ein Tier und ein gekröntes Wesen mit dem Schwert der Gerechtigkeit in der Hand. Der Gekrönte sitzt oberhalb des Rades und beobachtet, wie die anderen beiden sich drehen. Diese drei Figuren stellen drei Aspekte des Menschen dar: Bewußtsein, Instinkt und Geist. Sie beherrschen den Rhythmus des Lebens. Diese Entwicklung ist ohne Ende. Das Leben ist ein ewiger Neubeginn. Der Mensch wird in jeder Runde von Leidenschaften beherrscht, er kommt zur Besinnung und findet Zugang zum Bewußtsein, das ihn zum Geistigen führt.

Das Rad kennzeichnet einen Prozeß der ständigen Veränderung, der ruhelosen Bewegung. Man findet keinen festen Punkt. Alles ist an den Augenblick gebunden und daher relativ. Der Mensch kann nicht Abstand nehmen und aus seiner Sicht die wechselnden Aspekte nicht wahrnehmen. So besteht Gefahr, daß er sich verliert und seine Identität nicht wahren kann.

Aus diesem Teufelskreis kann man nur entfliehen, wenn man dem Leben Sinn und Inhalt gibt. Dazu ist es nötig, Abstand zu gewinnen, sich aus der scheinbar aussichtslosen Lage zu befreien. Wer sich nicht nur von seinen Sinnen und Instinkten beherrschen läßt, kann sich geistig weiterentwickeln.

Quintessenz:

Gelegenheit, Ehrgeiz, Erfindungen, Entdeckungen, Lebenskraft, Veränderung, Unbeständigkeit, Ohnmacht, Uneinigkeit.

Kabbala:

10. Buchstabe: Jod (Jud), die Ordnung, der Zeigefinger, Sephirah Malkuth gleich Reich, Gottesname Jah oder Gott. Die Heroen.

Das Schicksalsrad

Divination:

Es ist die Zeit der Veränderung, bedingt durch frühere Vorkommnisse und Entscheidungen, die oft nicht im Bereich des Ratsuchenden liegen. In Zeiten der Ruhe kann dadurch Unsicherheit eintreten. In Zeiten der Unruhe kann ein Neubeginn für Sicherheit sorgen. Nichts ist vollendet. Das Abenteuer steht vor der Tür. Es ist vielleicht nur ein Durchgangsstadium. Wenn sich Lebensumstände verändern, kommt es auf die Reaktion des Betroffenen an. Akzeptiert er die neue Situation? Benutzt er sie als Gelegenheit? Oder lehnt er sich gegen Dinge auf, die nicht zu ändern sind? Oft entsteht ein neues Bewußtsein, das die Verantwortlichkeit dem Leben gegenüber erkennt.

Gewarnt wird vor Schicksalsschlägen, finanziellen Verlusten, Störungen im Zeitablauf. Doch das Warten kann seinen Sinn haben. Selbstprüfung und Besinnung brauchen ihre Zeit.

Die Kraft

Andere Namen: Magische Kräfte, Die Macht

Symbolik:

Eine junge Frau steht aufrecht und bändigt einen Löwen. Der Löwe mit dem aufgerissenen Maul ist das Sinnbild für brutale, natürliche Kraft. Die Frau setzt nicht körperliche Kraft ein, sondern sie triumphiert durch moralische und geistige Kraft. Ihr Hut hat — wie der des Magiers — die Form einer liegenden Acht, was an die Unendlichkeit erinnert.

Der Löwe wird nur gebändigt, nicht getötet. Das bedeutet, sie konnte seine Instinkte besiegen, ohne sie zu zerstören. Daraus konnte sie Energien schöpfen und dank ihres Bewußtseins in die richtigen Bahnen lenken. Der Boden, auf dem die Frau steht, ist nicht zu sehen. Das weist auf das Fehlen der materiellen Grundlage hin. Die Kraft symbolisiert also den Willen der Seele, der sich auf die moralische Entwicklung richtet. In gewisser Weise ist das — wie beim Herrscher — der Triumph des Geistes über die Materie.

Da der Triumph durch eine weibliche Person errungen wird, die das Maul des Tieres sogar mit dem kleinen Finger offenhalten kann, kann man auf Sanftheit und gute Absicht schließen. Es gelingt, mit Liebe und Geduld den Gefahren und der Bedrohung der eigenen Existenz die Stirn zu bieten. Der rohen Gewalt wird mit Geduld, Einsicht und Überlegung begegnet. Wahrscheinlich ist das die einzige Möglichkeit, die Gefahr abzuwenden. Ein falscher Griff — und die Frau würde sicher dem körperlich stärkeren Löwen zur Beute werden.

Die Kraft symbolisiert die Möglichkeit, die der Mensch im Augenblick der Gefahr, in schwierigen Situationen hat, die ihn vor dem Untergang bewahrt. Wenn der Mensch die Gefahr nicht richtig abwehrt, dann fällt er ihr zum Opfer. Diese Karte ist das Symbol dafür, wie man Aggression, Kurzsichtigkeit und daraus folgende Fehlschläge vermeidet, wie man mit Überlegenheit handeln kann.

Quintessenz:

Macht, Verwirklichung, Idee, Intelligenz, Problemlösung, Energie, Mut, Tatkraft, Entschlossenheit, magische Kraft.

Kabbala:

11. Buchstabe: Caph (Kaff), die sich schließende Hand, Gottesname Chabir oder Der Mächtige. Erste Bewegung, Miiatron, Fürst der Gesichter, Vermittler, Sphäre des Mars, Dienstag.

Die Kraft

Divination:

Nun wird sichtbar, wie man konkretisieren kann, was man vorher nur instinktiv wußte. Nun weiß man, wie man die Kraft kanalisieren kann. Es herrschen Selbstvertrauen, Selbstkontrolle und Aktivität. Besonders schwierigen Problemen kann man mit Energie und Hoffnung begegnen. Es gelingt, Ängste zu überwinden. Oft mischt man sich in Dinge ein, die einen nichts angehen.
Wenn Gefahren nicht richtig abgewehrt werden, besteht die Möglichkeit, daß ihnen der Mensch zum Opfer fällt. Dazu ist es nötig, die Situation genau zu analysieren. Denn impulsives Handeln allein könnte die Situation sogar verschärfen. Es kommt darauf an, den Kern des Problems zu erkennen und anzusteuern.
Gewarnt wird vor Herrschsucht, Wutausbrüchen, Grausamkeit und Indiskretion.

Der Gehenkte

Anderer Name: Die Prüfung

Symbolik:
Ein Jüngling hängt mit einem Fuß an einem Querbalken. Dieser Balken verbindet zwei Bäume mit beschnittenen Ästen, die aus zwei Grashügeln wachsen. Der junge Mann hat den Kopf nach unten und die Hände als Zeichen der Unterwerfung auf dem Rücken. Der Jüngling ist am linken Fuß mit einem Seil aufgehängt. Symbolisch bedeutet das, er ist an die sichtbare Welt durch eine unwirkliche Macht gebunden. Wenn man die Karte umdreht, hat man einen anderen Eindruck: Die Grashügel werden zum Blattwerk der Bäume, der Querbalken wird zum festen Boden, und der Jüngling steht aufrecht.

Der Gesichtsausdruck des Gehenkten ist eher unbeteiligt. Es scheint, als interessiere ihn seine unangenehme Lage nicht. Die Taschen seiner Oberbekleidung sind sichelförmig. Das erinnert an die Fantasiewelt des Mondes, an den Zeitenzyklus. Der Mann ist machtlos, er hat sich der sichtbaren äußeren Welt unterworfen. Er bringt ein Opfer, es geht um einen Verzicht oder um eine Unfähigkeit. Vielleicht haben ihn seine Mitmenschen aus ihrer Gemeinschaft ausgeschlossen, weil er versucht hat, sich von ihnen zu unterscheiden. Vielleicht hat er sich selbst ausgeschlossen, vielleicht unterliegt er übernatürlichen Kräften. Jedenfalls sind alle üblichen Werte auf den Kopf gestellt. Der Gehenkte ist Gefangener seines persönlichen Weges.

Der Mann wird vielleicht auch durch okkulte Wissenschaften getragen, aber gleichzeitig irgendwie unterdrückt. Die zwölf Baumtriebe erinnern an die zwölf Tierkreiszeichen. Der Weg der inneren Erkenntnis ist vorgezeichnet, aber weniger mystisch als beim Einsiedler. Der Mann wird getragen von der materiellen Welt und kehrt zu ihr zurück. Das zeigen die beiden Grashügel neben seinem Kopf. Die Situation ist aber zunächst aussichtslos, das zeigen die abgeschnittenen Triebe. Eine Veränderung der Lage kann nur aus dem Inneren heraus bewirkt werden.

Quintessenz:

Machtlosigkeit, Träumerei, Prüfung, Identitätskrise, Ernüchterung, Isolierung, aussichtslose Situation.

Kabbala:

12. Buchstabe: Lamed (Lammed), das Opfer, der sich ausstreckende Arm, Gottesname Schadai oder Der Allmächtige. Sphäre des Saturns, Sonnabend.

Der Gehenkte

Divination:

Es ist die Zeit der Prüfungen und Einschränkungen. Es herrscht wenig Zufriedenheit, besonders was die materielle Lage betrifft. So manche vergebliche Anstrengungen fördern jedoch die moralische und die intellektuelle Einsicht. Ungeteilte Liebe kann einen entschädigen. Nach einer schweren Prüfung stellt sich oft Liebe zum Leben und ein Gefühl des Friedens ein.

Auf den ersten Blick ist nicht ersichtbar, wie man aus einer unangenehmen Lage herauskommen kann. Man erlebt die negativen Seiten des Daseins. Der Grund mag in Naivität, irrealer Denkweise oder in einem einseitigen Weltbild liegen. Wenn man die Ursachen erkennt, gewinnt man wieder Boden unter den Füßen.

Gewarnt wird vor der Unfähigkeit, sich vom Druck zu befreien, vor dem Gefühl der Auswegslosigkeit. Man sollte die Realität akzeptieren und sich selbst nicht verleugnen.

Der Tod

Anderer Name: Die Karte ohne Namen

Symbolik:

Ein menschliches Skelett steht aufrecht und führt die Sense über den Boden. Die Karte trägt die traditionell unheilvolle Dreizehn. Die Erde ist bedeckt mit Knochen. Auch zwei Köpfe liegen da, der eine davon ist gekrönt. Der Sensenmann handelt in der Materie, das dargestellte Handeln ist bewußt und intelligent. Die Karte symbolisiert nicht den Tod, wie man ihn im allgemeinen empfindet, sie symbolisiert einen gewissen Tod, der auch die Möglichkeit einer Erneuerung beinhaltet.

Praktisch bedeutet diese Karte eine Entwicklung. Die beiden abgemähten Köpfe sind durchaus lebendig, das Gras wächst bereits nach. Die Karte ohne Namen wirkt auf die materielle Existenz, sie hat keinen Zugriff auf die Welt des Geistes oder auf die göttliche Welt. Sie kennzeichnet das Ende einer Epoche, das Ende eines Lebens, sie entspricht dabei aber eher einer Befreiung. Eine Pforte öffnet sich, eine Wiedergeburt in der geistigen Welt findet statt. Das Irdische muß sterben, um in Höherem wiedergeboren zu werden.

Allen ist dasselbe Schicksal beschieden, den einfachen Menschen und den gekrönten Häuptern. Darum ist dem Tod alles fremd, was man in der Welt für wertvoll und bedeutend betrachtet. Alles Irdische wird dem Erdboden gleich und zu Staub.

Irgend etwas endet plötzlich, das Bezug zur menschlichen Existenz hat. Ständig herrscht ein Wechsel zwischen Zweifel und Glauben, Glück und Unglück, Besitz und Verlust. Ohne diesen Prozeß gäbe es keine Entwicklung. Neues kann nur dann entstehen, wenn das Alte vergeht. Die Vernichtung des Hergebrachten wird zunächst negativ empfunden. Doch man erkennt auch, daß sich so die Möglichkeit zur Selbstentfaltung bietet. Von Bedeutung ist, wie man sich den neuen Lebensumständen anpaßt. Vorteilhaft ist es, die neue Situation unbefangen zu betrachten.

Quintessenz:

Verhängnis, Enttäuschung, Verzicht, Zersetzung, Abbruch, Fäulnis, Ende, Erneuerung, Umwandlung, Relativierung.

Kabbala:

13. Buchstabe: Mem (Memm), das Weib, Gottesname Meborake oder Der Gesegnete.

Divination:

Es geschehen Veränderungen. Viel kann zerstört werden: Pläne, Unternehmungen, Besitz. Auch im Gefühlsleben kann es zu Umschwüngen kommen. Gleichzeitig kündigt sich eine Erneuerung an, eine Rückkehr zur Ordnung. Oder das Aufgeben alter Gewohnheiten und engherziger Einstellungen, damit neues Leben entstehen kann. Also ein durchaus positiver Aspekt.

Das Leben ist einem ständigen Wechsel unterworfen: Zweifel und Glauben, Glück und Unglück, Besitz und Verlust, Geborgenheit und Unsicherheit. Das Bild des Todes kann dabei auch bedeuten, daß innerhalb des Lebens alte Werte aufzugeben sind, um neuen Platz zu machen. Sonst gäbe es keine Entwicklung.

Gewarnt wird vor Zweifel, Furcht, Hoffnungslosigkeit. Das Verharren in alten Gewohnheiten, die Trägheit, die Langeweile verdecken häufig psychische Ängste.

Die Mäßigkeit   14

Andere Namen: Die Wiederverkörperung, Der Ausgleich

Symbolik:

Eine Frauengestalt mit Flügeln, vielleicht ein Engel, gießt eine Flüssigkeit von einem Gefäß in ein anderes um. Das läßt an die Tätigkeit eines Alchimisten denken, der die Materie verwandelt. Symbolisch kann man das so verstehen, daß der Geist die Materie durchdringt. Der Engel wirkt sehr aufmerksam. Er scheint sich der Wichtigkeit seiner Tätigkeit sehr bewußt zu sein.

Die Flüssigkeit, die zwischen den Gefäßen strömt, symbolisiert den Geist, der gleich dem Wasser undefinierbar ist und weder Farbe noch Form besitzt. Die Erfahrung wird von Krug zu Krug weitergegeben. Kein Tropfen geht dabei verloren, das alte bleibt im neuen erhalten. Der Engel symbolisiert dabei das Wesen und die Erkenntnis, die sich aus der Bewegung des Umschüttens ergeben. Der Geist fließt wie Wasser und durchdringt alles Leben. Will man das Geistige kennenlernen, muß man aus eigener Begrenztheit und Isolation heraustreten und sich neuen Erfahrungen öffnen. Wer nicht aufgeschlossen ist für neue Lebensweisheiten, der bleibt starr und unbeweglich.

Wer sich den vielseitigen Erfahrungen, die das Leben bietet, nicht verschließt, wer weniger Neigungen hat, sich in Sicherheiten festzulegen, der entspricht dem Urbild der Mäßigkeit. Sie leitet den Menschen dazu an, Sicherheiten aufzugeben, sich zu entkrampfen. Er möge spontan und unbefangen handeln, wie der Engel mit den zwei Gefäßen.

Drei Dinge beherrschen also die Mäßigkeit bzw. den Ausgleich. Zum ersten die Zirkulation der Säfte oder der Energien, und das läßt sich auf viele Bereiche anwenden. Zum zweiten die Aktivität, die auf der Karte durch das Rot des Kleides gekennzeichnet wird. Zum dritten schließlich sind es Geist und Bewußtsein, die es erlauben, die eigenen Triebe zu beherrschen und zu lenken.

Quintessenz:

Teilung, Vereinigung, Wiederverkörperung, Flexibilität, Aufgeschlossenheit, Vielseitigkeit, Unbekümmertheit.

Kabbala:

14. Buchstabe: Noun (Nunn), Rückfälligkeit, eine Frucht, Gottesname Nora oder Der Schreckliche. Emanuel, Sphäre der Sonne, Sonntag.

Die Mäßigkeit

Divination:

Man befindet sich auf der Suche nach dem Gleichgewicht. Es ist die Zeit der Versöhnung mit anderen und mit sich selbst. Es ist nötig, über Dinge nachzudenken und sie zusammenzuführen. Gleichzeitig ist es angebracht, sich zu schonen. Unternehmungen, die dem Ausgleich dienen, fallen meist glücklich aus. Oft muß man dabei einen mittleren Weg einschlagen.
Häufig ist es angebracht, nichts zu tun und abzuwarten. Denn Harmonie läßt sich nicht erzwingen. Wer aufgeschlossen ist, braucht sich nicht festzulegen. Manchmal muß man Sicherheiten aufgeben, um weiterzukommen. Mit Mäßigkeit gelingt es, die vielen Erfahrungen, die das Leben lehrt, sinnvoll anzuwenden.
Gewarnt wird vor Unbeweglichkeit, Unbeständigkeit, Mangel an Entscheidungskraft, unangemessenen Handlungen.

Der Teufel

Andere Namen: Der Schwarzmagier, Die Ungerechtigkeit

Symbolik:

Auf einem roten Sockel steht eine merkwürdige Gestalt. Ein aktives Geschöpf, das seine Energie aus dem Boden, aus der Materie bezieht. Es hat Flügel, Krallen an den Händen, ein männliches Geschlechtsteil und eine weibliche Brust. Ein Symbol für die Verbindung aus Mann und Frau, aus Tier und gefallenem Gott. Ein Symbol für den Teufel. Die rechte Hand ist zum Herrschen erhoben, die linke Hand trägt ein Schwert ohne Griff. Die Waffe ist zum Himmel gerichtet, sie soll ihn mit der göttlichen Welt in Verbindung bringen, sie erweist sich aber als völlig nutzlos, und das weiß der Schwarzmagier auch. Der Teufel beherrscht zwei kleinere gehörnte Figuren, die er am Hals angebunden hat. Beide Figuren stellen die Unterwerfung unter die Leidenschaften dar. Hier herrschen das Fleisch, die Leidenschaften, der Sex, die Energie des Instinkts. Es bleibt offen, ob der Geist ein Rest des früher göttlichen Wesens ist, das in der Mitte dargestellt ist. Oder ob der Geist eine untergeordnete Kraft darstellt, mit der der Körper sein Spiel treibt. Die festgebundenen Teufelchen weisen eher auf die zweite Lösung hin.

Die Karte weist gleichzeitig auf die positive und die negative Kraft des Instinkts hin. Er gehört zur natürlichen Ordnung der Dinge, er ist für das Gleichgewicht jedes Geschöpfes notwendig, er ist fruchtbar und produktiv, wenn man ihn zu meistern versteht. Andererseits kann uns der Instinkt zu den schlimmsten Ausschweifungen verleiten, so daß wir sogar Handlungsfreiheit und Persönlichkeit verlieren könnten. Der Teufel kennt die Wohltaten und Gefahren der Materie, deshalb kann er darüber sogar lächeln. Denn oft gelingt es ihm, die freie Entfaltung der Möglichkeiten zu verhindern. So verkörpert der Schwarzmagier all das, was dem Menschen bei seinem Streben nach Harmonie, Freiheit, Selbständigkeit im Wege steht.

Quintessenz:

Willkür, Unordnung, Egoismus, Gleichgültigkeit, Unbeständigkeit, Verblendung, Haß, Wut, blinde Leidenschaft.

Kabbala:

15. Buchstabe: Samech (Szammech), allgemeines Wesen, Schlange, Gottesname Samech oder Der Stützende, Sphäre des Merkur, Mittwoch.

Divination:

Es ist Zeit, Wünsche zu befriedigen, Ziele zu erreichen. Gute Gesundheit und Vitalität erlauben es, daß sich Aktivitäten entfalten. Das geht allerdings nicht ohne Bruch vor sich. Denn der materielle Erfolg beeinträchtigt die moralische und geistige Entwicklung. Glück und Anerkennung müssen nicht zwangsläufig folgen. Man muß wissen, was der Preis für alles ist.

Doch der Teufel beraubt den Menschen oft seines eigenen Willens. Unselbständigkeit, Unsicherheit und Langeweile sind dann die Folge. Starker Einfluß von außen verursacht Unterwürfigkeit und Lügen. Man sinkt so tief, weil Ideale fehlen, oder weil man das Opfer von falschen Idealen wird.

Gewarnt wird vor Grausamkeit und Niedertracht, Zerfall des Charakters und Oberflächlichkeit. Veränderungen finden statt, wenn man Erfahrungen nützt und sich befreit.

Die Zerstörung

Andere Namen: Der Turm, Der Blitz, Das Haus Gottes

Symbolik:

Der Blitz hat in die Spitze des Turms eingeschlagen, sie wird abgehoben und fällt ins Leere. Das ist ein Symbol für ein gekröntes Haupt, das gestürzt wird. Verschiedenfarbige Funken fallen vom Himmel. Das Schicksal hat zugeschlagen, eine himmlische Kraft, die sich mit Gewalt auf die erdverbundene Materie stürzt und dabei das Leben verändert. Zwei Personen wurden auf den Boden geworfen. Sie weisen darauf hin, daß diese Karte auf den Geist zielt. Damit ist der Turm das Gegenstück zum Teufel, der auf den Instinkt zielt.

Symbolhaft weist das Bild darauf hin, wie wichtig es ist, das richtige Gleichgewicht zu finden, sonst ist ein Sturz unvermeidlich. Die drei Turmfenster, die im Dreieck angeordnet sind, gelten als Zeichen für eine Öffnung zur äußeren Welt. Sie sind nicht vom Blitz getroffen worden, womit die himmlische Gerechtigkeit zu erkennen gibt, daß es die Fehler eines eigensinnigen Charakters sind, die verdammt werden.

Der Turm ist von der Symbolik her dem Tod verbunden, doch anders als bei der Karte mit der Dreizehn fehlt ihm die Dynamik. Bei der hier dargestellten Zerstörung wirkt eine unkontrollierbare Kraft, die zur Wachsamkeit mahnt, aber diese Mahnung kommt schon fast zu spät. Positiv kann man die grünen Grasbüschel deuten. Doch die anstehende Prüfung wird meist schmerzhaft sein, es gibt kaum eine Möglichkeit des Entkommens. So bleibt meist nur übrig, die Schicksalsschläge hinzunehmen und daraus für später Lehren zu ziehen. Der Turm kann auch als Symbol für die menschliche Persönlichkeit gedeutet werden, die als Ergebnis einer langen, geistigen Entwicklung fest dasteht. Ein plötzliches Ereignis bringt das Bauwerk aus dem Gleichgewicht und läßt es schwanken. Eine Maske wird abgeworfen, die nackte Realität bietet sich dar. Der Blitz schlägt ein und erleuchtet eine unbekannte Szene.

Quintessenz:

Vermessenheit, Zerstörung, Fall, Unfähigkeit, Katastrophe, Erkenntnis, Demaskierung, Erneuerung, Läuterung, Denkanstoß.

Kabbala:

16. Buchstabe: Hain (Ajin), Gleichgewicht, materielle Bande, Gottesname Hazad oder Der Starke, Sphäre des Mondes, Montag.

Die Zerstörung

Divination:

Schicksalsschläge kündigen sich an. Zumindest droht beruflicher oder persönlicher Ärger, der sich auch materiell auswirken kann. Auch das Gefühlsleben ist bedroht. Es kommt darauf an, wie der Geprüfte auf Ruin, Krieg, Tod, Scheidung reagiert, wie er die Prüfung besteht. Geduld ist von Vorteil. So kann es zu einer Erneuerung durch Erkenntnis und Läuterung kommen.

Wenn sich bestehende Situationen ändern, wenn Beziehungen auseinanderbrechen, wird man oft mit eigenen Schwächen der Vergangenheit konfrontiert. Es kann zur Änderung alter Denkweisen, zur Umformung von Eigenschaften kommen. Neue Betrachtungsweisen bieten sich an, die zu einem neuen Anfang führen.

Gewarnt wird vor Unausgeglichenheit, Zerstörung, Intoleranz. In gemilderter Form hat der Turm die Bedeutung der Gefangenschaft.

Die Sterne

Andere Namen: Die Erlösung, Die Wiedergeburt

Symbolik:

Eine schöne blonde Frau kniet und gießt den Inhalt aus zwei Gefäßen in einen See. Die Frau ist nackt, sie muß ihren Körper nicht verstecken und gibt zurück, was sie erhalten hat. Die Kräfte, die den Frieden und das Gleichgewicht gebracht haben, müssen an andere weitergegeben werden. Das Wasser stellt symbolisch die Geburt dar, was noch verstärkt wird durch die beiden Bäume, die wiederum vom Wasser ernährt werden. Das Symbol des Lebensbaumes ist ebenfalls erkennbar.

Die Szene findet unter dem allumfassenden Universum statt, dargestellt durch acht Sterne. Die Sterne sind mit dem kosmischen Zyklus verbunden, sie beziehen himmlische Energie und strahlen sie auf die Erde aus, um sie zu reinigen und zu ernähren. Das sind Symbole für wohltätiges Handeln, das aus dem Intellekt und dem Glauben kommt. Es sind schöpferische Kräfte, die auf der Harmonie mit der Natur und den kosmischen Abläufen beruhen.

Der menschliche Geist wird oft durch das Wasser symbolisiert. Das Entleeren zweier Krüge stellt das Ende eines Erfahrungsprozesses dar. Die Krüge werden nicht mehr umgeschüttet, wie das auf der Karte mit der Vierzehn der Fall war. Die Sterne am Himmel kann man in derselben Weise deuten: Sie stehen für das formlose Bewußtsein, das nicht nur das Wahrnehmbare sieht. Bei Tag ist dem Erfahrenen bewußt, daß die dann unsichtbaren Sterne weiterhin am Himmel scheinen.

Der Mensch hat sein Ziel erreicht, das entwickelte Ich kehrt zur Gottheit zurück, um vielleicht auf höherer Ebene oder einem anderen Stern tätig zu sein. Das symbolisiert auch der Vogel im Hintergrund, der auffliegen will, um die Erde für immer zu verlassen. Der große Stern unter den sieben kleinen kann als das Ich gedeutet werden, das sich dann in einer hohen, erhabenen Sphäre bewegt.

Quintessenz:

Weissagung, Hoffnung, Ideale, Liebe zum Schönen, innere Harmonie, Selbsterkenntnis, Einsicht, Bewußtseinserweiterung.

Kabbala:

17. Buchstabe: Phe (Pai), Erlösung, Unsterblichkeit, Mund und Zunge, Gottesname Phode oder Der Erlöser.
Element Feuer.

Divination:

Große Chancen eröffnen sich. Eine Rückkehr zu den Quellen, zur vollen Harmonie ist möglich. Es herrschen Ausgeglichenheit, Inspiration, Intuition. Geschenke und Gaben, die umsonst sind, werden angeboten: Nächstenliebe, Wohltätigkeit, Hilfe. Der lange Weg hat sich gelohnt. Lang gehegte Wünsche gehen nun endlich in Erfüllung. Der Durchbruch ist dauerhaft.
Die Sterne fordern jedoch nicht zum Handeln auf. Das ist eher eine Karte der inneren Ruhe, der Harmonie, die Aktivierung von unbewußten Kräften. Oft handelt es sich um einen geistigen Durchbruch, eine Bewußtseinserweiterung, eine tiefe Einsicht, durch die sich die erwähnten Chancen eröffnen.
Gewarnt wird vor Leichtgläubigkeit und Neugier. Im allgemeinen haben die Sterne jedoch keine negative Bedeutung. Die positiven Kräfte wirken höchstens abgeschwächt oder zu spät.

Der Mond   18

Andere Namen: Die Leidenschaft, Die Elemente, Das Chaos

Symbolik:

Diese Karte ist in zwei Szenen aufgeteilt, wie auch die Karten der Sterne, der Sonne, der Zerstörung und des Gerichts. Im oberen Teil sieht man das Gestirn, im unteren Teil eine irdische Szene, auf die sich der Einfluß des Mondes auswirkt. Der Mond wird mit Gesicht dargestellt, doch das Antlitz interessiert sich offensichtlich nicht dafür, was unten geschieht. Der Bereich des Mondes ist der Traum, der nächtliche Spaziergang, die Fantasie. Die Karte hat wenig Rot, sie ist ohne Aktivität und Energie.

Unten sind zwei Türme dargestellt, die ein Wasserbecken einrahmen. Zwei Hunde im Hintergrund symbolisieren unsere Instinkte. Sie ernähren sich vom Mond, gleichzeitig bellen sie, ein Widerspruch zwischen anregendem Naturell des Mondes und Respekt, gemischt mit Furcht. Die Quelle der Energie ist abwechselnd aktiv und passiv, positiv und negativ. Der Krebs im Wasser ist das für den Mond charakteristische Tier, das die Vergangenheit, die Schwangerschaft, die Fantasie symbolisiert. Als Bewohner des unterirdischen Gewässers unterstreicht der Krebs das Unbewußte des Seelenlebens.

Die Karte symbolisiert die Welt des Traums, der Passivität. Der Mensch sucht nicht nach Bildern, er empfängt sie. Sie überkommen ihn, ohne daß er sie lenken kann, und sie sind nützlich für ihn. Der Mond ist ein Teil der allgemeinen Ordnung des Kosmos, seine Bilder sind fruchtbar, sie nähren die Fantasie. Der Mond ist zwar eine Lichtquelle, aber er strahlt nur das Sonnenlicht wider. Der Mond gilt daher auf geistiger Ebene als das Symbol für das Psychische, Nicht-Rationale, Gefühlsmäßige im Menschen. Die beiden Hunde stehen unter dem Einfluß des Mondes. Auch der Krebs wird von Ebbe und Flut beeinflußt, die ihm Nahrung bringen und wiederum vom Mond bewirkt werden. Geheimnisvolle Kräfte sind am Wirken.

Quintessenz:

Empfindsamkeit, Sentimentalität, Sinnestäuschung, Unbesonnenheit, Aberglaube, Materialismus, Irrtum, Vorurteil, Eigensinn.

Kabbala:

18. Buchstabe: Tsade (Tsade), blinde Leidenschaft, Schatten und Reflex, Dach, Gottesname Tsedek oder Der Gerechte.
Element Wasser.

Divination:

Der Mond kündigt Veränderungen an. Das können Reisen sein, aber auch geschäftliche Veränderungen, Güterbewegungen. Das bringt auf jeden Fall Unsicherheit, Reizbarkeit, Unruhe. Der zweite Aspekt verspricht fruchtbare Ideen, schöpferisches Tun. Selbstanalyse, Traumdeutung, Erinnerungen helfen weiter. Der tiefste Punkt ist erreicht, es muß wieder aufwärts gehen.

Im Unbewußten finden Erregungen statt, Ängste, Halluzinationen. Die Erlebniswelt wird häufig von Gefühlen bestimmt. Oder von äußerer Beeinflussung geleitet, was zu einem Mangel an Selbständigkeit führt. Impulsive Handlungen, unbesonnene Abenteuer sind die Folge. Das kann zu schlechter Laune führen.

Gewarnt wird vor fruchtloser Träumerei, Ziellosigkeit, Faulheit. Man hat Angst, sich von Erfahrungen leiten zu lassen. Die beruhigende Seite des Mondes wird nicht akzeptiert.

Die Sonne

Andere Namen: Sonne des Osiris, Das Gold, Volles Leben

Symbolik:

Eine Sonne mit menschlichem Gesicht steht am Himmel. Sie sendet Strahlen und tropfenartige Gebilde aus, die ihre Energie darstellen. Sie wirkt auf allen Gebieten und triumphiert in jeder Angelegenheit. Sie ist Licht und gleichzeitig Quelle der Kraft. Sie verändert und gibt gleichzeitig die Mittel, um die Veränderungen durchzuführen. Sie bestrahlt den Boden, auf dem im Hintergrund eine Mauer steht. Diese Begrenzung stellt die Trennung von der Finsternis dar. Vielleicht stellt die Mauer auch die Grenze des menschlichen Handelns dar.

Auf dem Boden gibt sich ein menschliches Paar die Hand. Es symbolisiert das Gleichgewicht. Vielleicht ist dieses Paar dasselbe, das vom Turm der Zerstörung herabstürzte und nun die schweren Prüfungen überstanden und genützt hat. Nun verwirklichen sich die beiden in der materiellen Welt, die allerdings ihre Grenzen hat. Mit nackten Füßen schöpfen sie Energie aus der Erde, mit nacktem Körper empfangen sie gleichzeitig Sonnenenergie. Sie haben ihre Instinkte und Leidenschaften gemeistert und wenden sich dem Materiellen zu.

Die Sonne symbolisiert Erfolg und Triumph sowie Gleichgewicht bei allem, was mit der Materie zusammenhängt. Sie repräsentiert Wohlergehen und Wärme, Lebensfreude und Energie. Das wirkt auf das Paar, das durch seine Nacktheit Offenheit vor dem Licht und der Wärme beweist. Mann und Frau, die sich unter den Sonnenstrahlen miteinander verbinden, verschmelzen miteinander zu einem Geist und erfahren die Quelle des Lebens.

Die Sonne ist die ideale Ergänzung zum Mond. Er ist Quelle von Inspiration und Kreativität, sie ist Quelle von Tatkraft und Energie. Der Mond verstreut Energien, die Sonne hingegen bündelt sie. Sie zeigt uns, wo unsere Möglichkeiten liegen und was unsere Wahrheit sein kann.

Quintessenz:

Licht, ewiges Wort,
Reinheit, Hingabe, Liebe,
Vereinigung, Glückseligkeit, Erleuchtung, Idealismus, Lebenserfüllung.

Kabbala:

19. Buchstabe: Coph
(Kuuf), Sonne des Osiris,
geistiges Leben, Licht,
Beil. Gottesname Kodesch
oder Der Heilige.
Element Erde.

Divination:

Die Sonne bringt Freude, Gesundheit, Glück in der Liebe, Reichtum, Einigkeit und Freundschaft. Es ist eine gute Zeit für schöpferisches Tun. Das Licht und die Wärme der Sonne beeinflussen auch umliegende schlechte Karten positiv. Es entwickelt sich ein starkes Gefühl für die Schönheit des Lebens. Die Welt wird auf völlig neue Weise betrachtet.

Der Mensch strebt nach einer Verbindung zwischen Innerem und Äußerem. Die Sonne unterstützt ihn dabei und bestärkt ihn, auf die Kraft der Liebe zu bauen. So vergehen Einsamkeit und Isolation. Liebe kann auch so gemeint sein, daß man sich einer Arbeit voll hingibt.

Gewarnt wird vor Materialismus und dem Nichterkennen günstiger Gelegenheiten. Die Kraft der Sonne bleibt auch im Negativen verhältnismäßig stark, es sind nur einige Wolken davor.

Das Gericht

Andere Namen: Die Auferstehung, Das Jüngste Gericht, Das Urteil

Symbolik:

Ein Engel mit Heiligenschein erscheint auf einer Wolke und bläst auf einem Musikinstrument. Vielleicht ist das die Trompete des Jüngsten Gerichts. Sie ist zur Erde gerichtet, und auch ein Strahlenkranz und Tropfen streben der Erde zu. Das Bild hat Ähnlichkeit mit der vorhergehenden Sonne. Vielleicht ein Symbol, das den Menschen nach der strahlenden Sonne wieder auf das rechte Maß zurückführen soll?

Die blaue Wolke ist mit der unsichtbaren Welt verbunden, mit der Welt des Geistes. Der Engel ist ein Geschöpf des Lichts. Er kommt in die Welt der Menschen als Symbol der Transzendenz dieser Welt. Er will die Menschen zum letzten Mal auf die Probe stellen. Er wendet sich der Figurengruppe zu, die um ein Grab herum steht. Die Person mit dem Rücken zum Betrachter steigt aus dem Grab heraus. Ein Symbol der Auferstehung des Fleisches, durchaus aber auch deutbar als geistige Wiedergeburt. Der Mensch hat die Prüfungen bestanden, er wendet sich vom Irdischen dem Himmel zu.

Die Wiedergeburt des Geistes verändert die Persönlichkeit des Menschen. Er betritt eine neue Welt und bricht mit der alten. Er erhebt sich über die Finsternis seiner Unwissenheit und Beschränktheit und lernt, das Leben von einem höheren Standpunkt aus zu betrachten. Eine starke Persönlichkeitsveränderung kann auch dazu führen, daß die Welt auf völlig neue Weise erlebt wird. Die zu überwindenden Widerstände können von verschiedener Art sein, also auch Angstgefühle, Abhängigkeiten von Suchtmitteln. Der Umwandlung geht meist ein Kampf voraus.

Der Mensch zeigt sich als Kämpfer gegen negative Eigenschaften, Frustrationen, Abhängigkeiten. Seine Anstrengungen werden belohnt. Er erkennt, daß die Anstrengungen nötig waren zur Lösung seiner Probleme, zur Abrundung seines Lebens.

Quintessenz:

Eingebung, höhere Erkenntnis, geistige Wiedergeburt, Begeisterung, Übersteigerung, innerer Sieg, Auferstehung.

Kabbala:

20. Buchstabe: Resch (Räisch), ewiges Leben, Dankbarkeit, Kopf des Menschen, Gottesname Rodeh oder Der Herrschende, Vegetabilien, Tiere.

Das Gericht

Divination:

Es ist Zeit, sich zu verwirklichen. Diese Karte zeigt eine Wiedergeburt an, bis hin zur Überwindung des irdischen Lebens. Gemäßigte Veränderungen sind ebenfalls denkbar, sowohl im geistigen als auch im gefühlsmäßigen Bereich. Die Zeit der schweren Prüfungen ist zu Ende. Nun strahlt helles Licht, nun herrschen Verstehen und Gerechtigkeit.

Aus dem Inneren kommt ein Ruf, sich zu verändern oder anderswo eine wichtige Veränderung vorzunehmen. Genaugenommen hat sich schon etwas verändert. Nun kommt es darauf an, es zu erkennen und zu akzeptieren. Die schwierige Zeit vorher war notwendig zur Lösung der Probleme, zur Beseitigung der Mängel.

Gewarnt wird vor Schwierigkeiten, das Glück zu finden, vor Unzufriedenheit und Mißverständnissen. Oft ist es Angst vor dem Neuen, vor dem Unbekannten, vor der vollzogenen Veränderung.

Die Welt

Andere Namen: Alles in Allem, Gott Alles

Symbolik:

Man kann diese Karte in drei Ebenen sehen. Oben ein geflügelter Engel, ein Adler, in der Mitte Mutter Erde, als nackte Frau, unten ein Stier und ein Löwe. Symbole der himmlischen, der geistigen und der körperlichen Ebene. Die Gesamtheit wird durch die Blumengirlande verbunden, von der Bewegung des Geistes belebt.

Die zweite Betrachtungsweise geht von der Kreuzform aus, die von Mutter Erde und den Blumen gebildet wird. Die nackte Frau tanzt in Harmonie mit dem Kosmos. Sie symbolisiert mit den zwei Stöcken, die sie in den Händen hält, die Einheit der vier Elemente, die Einheit zwischen Himmel und Erde, die Einheit der positiven und negativen Kräfte. Mutter Erde stellt die Vereinigung der Gegensätze dar. Die Elemente werden in den Ecken der Karte abgebildet. Der Stier ist die Erde, der goldene Löwe das Feuer, der Engel die Luft, der Adler das Wasser. Die Frau ist in diesem geistigen Zyklus aktiv, sie wird durch die Girlande aktiviert, sie hat ihre Leidenschaften unter Kontrolle und löst sich vom Boden.

Die Welt stellt so die Harmonie dar. Diese Harmonie ist überall, sie existiert im Kosmos, sie trägt den Menschen. Der Mensch wiederum muß dazu das Gleichgewicht seiner inneren Kräfte finden. Der Weg, der ihn in die Geheimnisse einweiht, ist der Weg des Tarot, der nun zu Ende geht. Diese letzte der numerierten Karten weist auf den königlichen Weg des Geistes.

Die Blumengirlande, vielleicht ein Lorbeerkranz, symbolisiert einen großen Sieg. Der Kampf, aus dem der Mensch schließlich als Sieger hervorgegangen ist, hat Bezug auf das Leben in seiner Gänze. Der totale Sieg kann nur durch eine geistige Umwandlung erreicht werden. Nur wer sich selbst verändert, kann gewinnen. Das bringt die Frauengestalt symbolisch zum Ausdruck.

Quintessenz:

Geistige Umwandlung, Selbstüberwindung, Harmonie, Einheit, Erlösung, Vollkommenheit, Mysterium, Selbstverwirklichung.

Kabbala:

21. Buchstabe: Shin (Schihn), Alles in Allem, Einheit, Pfeil, Gottesname Schaday oder Der Allmächtige.

Divination:

Die wertvollste Karte des Spiels verheißt geistige Erhebung, Gefühlskontrolle, Verwirklichung, Vollendung in jeder Form. Diese Glückskarte bedeutet in der äußeren Welt Triumph und Zielerreichung, in der inneren Welt Harmonie und Wohlergehen. Es herrscht Optimismus. Es gelingt, die inneren Lebensgefühle und die äußeren Aktivitäten zu vereinigen.

Der Mensch wird aufgefordert, den Kampf gegen äußere Umstände aufzugeben. Mit Selbstkritik und Veränderung der Lebenseinstellung kann man sich von Schwierigkeiten befreien. Ein geeigneter Wendepunkt ist nun erreicht. Selbst die schwierigsten Probleme können gelöst werden. Das Leben hat Sinn und Inhalt.

Gewarnt wird vor Selbstzerstörung und Fatalismus. Die Karte verliert im Negativen wenig von ihrer Wirkung, sie triumphiert dann mit etwas weniger Leichtigkeit, mit Verzögerung.

Der Narr

Anderer Name: Der Vagabund

Symbolik:

Diese Karte hat keine Nummer, sie steht nach alter Tradition entweder vor oder nach den anderen Karten und damit gewissermaßen dazwischen, wenn man sich alle Karten im Kreis angeordnet vorstellt. Ein junger Mann geht nach rechts. Er hält einen Stock in der rechten Hand. Bei seiner Oberkleidung herrscht Rot vor. Alles Symbole der Aktivität, des Handelns.

Andererseits kann man die Figur als herumirrenden Vagabunden, der sich auf den Stock des Einsiedlers stützt, betrachten. Er hat kein Ziel vor Augen und trägt mit einem zweiten Stock einen Bettelsack auf der Schulter. Dieser Sack bezeichnet das einzige irdische Gut, das der Narr noch hat, das aus Ideen, Gefühlen und Leidenschaften besteht. Es wiegt nicht schwer, und der Narr entfernt sich leichten Herzens. Er beachtet auch die Katze nicht, die ihm folgt und ihn am Schenkel kratzt. Vielleicht gehört er schon zu einer anderen Welt?

Ist nun der Narr ein Vagabund, der sich von der Welt löst und ins Abenteuer aufbricht? Ist sein Handeln unüberlegt? Seine extravagante Kopfbedeckung zeugt vielleicht davon. Andere Deutungen besagen, man möge Vertrauen in den Narren haben. Vielleicht hat er etwas verstanden, was andere noch nicht begriffen haben. Oder aber, er hat etwas verstanden, bekommt es aber nicht in den Griff. Er wendet der Welt — der vorhergehenden Karte — den Rücken zu und geht seinen eigenen Weg.

Der Narr symbolisiert den Hang des Menschen zur Freiheit, zum Abenteuer. Dazu muß er feste Bindungen fallen lassen, alltäglichen Kleinkram vergessen. Jeder Mensch hat von Natur aus dieses Bedürfnis. Je älter er aber wird, um so mehr bestimmen Arbeit und Familie seine täglichen Gewohnheiten. Die Angst, man könne Sicherheiten verlieren, hält den Menschen vor fremden und unbekannten Dingen ab.

Quintessenz:

Impulsivität, Passivität, Dummheit, Drang zum Abenteuer, Bedürfnis nach Freiheit und Veränderung, Risikobereitschaft.

Kabbala:

22. Buchstabe: Thau (Toow), Zusammensetzung, Schoß, Gottesname Thechinah oder Der Gnädige.

Der Narr

Divination:

Diese Karte ist neutral, der Narr gewinnt oder verliert an Wert, je nach seiner Umgebung. In guter Umgebung kündigt sich eine Loslösung von der materiellen Welt, eine Zuwendung zur Quelle der Weisheit an. In schlechter Umgebung warnt die Karte vor Unvorsichtigkeit, Inkonsequenz, Nachgiebigkeit. Der Narr läßt feste Bindungen fallen und sucht Abenteuer.

Alles ist relativ. Sowohl der Hang zur Freiheit, die Sorglosigkeit, als auch ein fester Arbeitskreis, eingefahrene Gewohnheiten. Man erweitert seine Fähigkeiten, sein Blickfeld, und man kann sich besser auf die Situationen des Lebens einstellen. Man gewinnt Vertrauen in seine eigenen Möglichkeiten.

Gewarnt wird vor Uneinigkeit mit dem Leben und mit der Gesellschaft. Es kommt darauf an, sich nicht anzupassen und unheilvollen Einflüssen zu widerstehen.

- Zum Abschluß dieses Kapitels ein wichtiger Hinweis: Kehren Sie immer wieder zu den einfachen Übungen zurück, indem Sie in einer freien Stunde über eine einzelne Karte des »Großen Arkanums« meditieren! Auch wenn Sie sich mittlerweile mit dem Meditieren über komplexere Zusammenhänge befassen. Auch wenn Sie mittlerweile die Karten legen und damit für sich oder andere das Schicksal deuten.

- Beschäftigen Sie sich immer wieder mit einer einzelnen Karte des »Großen Arkanums«. Auch wenn Sie sie noch so gut zu kennen glauben. Versuchen Sie, neue Aspekte zu entdecken, neue Hinweise aufzuspüren.

- Besorgen Sie sich noch mehr Tarot-Literatur. In jedem Buch werden andere Deutungen angeboten, andere Hinweise gegeben. Tarot enthält die Ergebnisse allen menschlichen Denkens, behaupten die Eingeweihten. Wie viele Geheimnisse gibt es da noch zu ergründen!

3.
Urbilder und Meditation

Der Lebensbaum

Das Interesse der Juden an der Astrologie und an den Symbolen des Tarot offenbart sich im Talmud und in der Kabbala. Der Talmud ist das nachbiblische Hauptwerk des Judentums, entstanden in mehrhundertjähriger mündlicher und schriftlicher Überlieferung, abgeschlossen um 500 n. Chr. Er besteht aus einer Rechtssammlung und der darauf aufbauenden vierschichtigen Diskussion und Kommentierung.
Die Kabbala, was hebräisch »Überlieferung« bedeutet, ist seit dem 13. Jahrhundert der Inbegriff der jüdischen Mystik. Die Kabbalisten führen in ihren Hauptwerken ihre Lehren und Traditionen auf die Gelehrten des Talmud zurück. Die Kabbala ist eine Sammlung von Lehren, die dem Menschen helfen, ein frommes Leben zu führen, gute Werke zu vollbringen, das Böse zu bekämpfen, mit Gott in Verbindung zu treten.
Wichtigstes Symbol der Kabbalisten ist der Lebensbaum, bestehend aus den zehn göttlichen Sephirot und den 22 verbindenden Linien. Die zehn Sephirot bezeichnen zehn göttliche Eigenschaften, die den ersten zehn Tarot-Karten entsprechen. Die Kabbalisten setzten die Sephirot auch mit den Planetengöttern in Verbindung, die wiederum in mythologischer Parallele die Natur der göttlichen Emanationen ausdrücken. Damit ist gemeint, daß aus dem einen etwas anderes herausfließt, daß eine Vielheit aus einem einheitlichen Urgrund hervorgeht, daß schließlich die ganze Welt mit allen Erscheinungsformen darauf beruht.
Die 22 Pfade oder Kanäle, die die Verbindungslinien der zehn Sephirot darstellen, repräsentieren die 22 Buchstaben des hebräischen Alphabets, sie entsprechen den 22 Namen Gottes oder den 22 Symbolen des Großen Arkanums. Durch diese Kanäle wirkt die Gottheit auf die Sephirot ein und diese wiederum gegenseitig aufeinander. Wer auf diesen Pfaden wandelt, dem erschließt sich auf mystische Weise der ganze Lebensbaum. Schritt für Schritt ist er in der Lage, die Geheimnisse zu ergründen, bis er schließlich in das Reich Gottes eingeht.

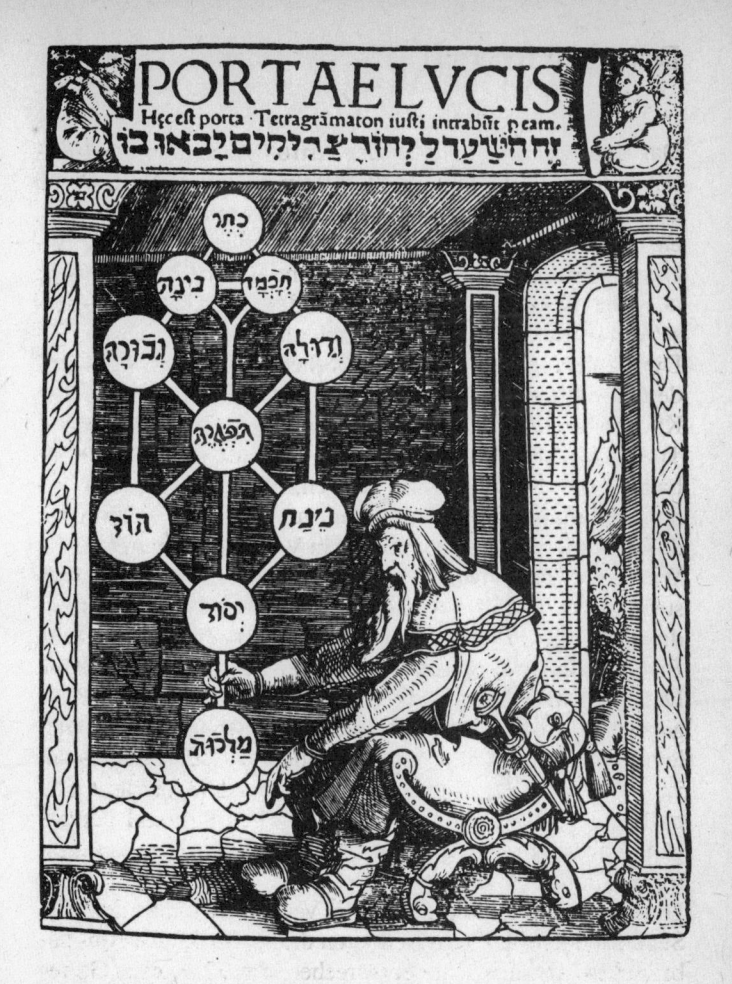

Baum des Lebens, aus: Paul Ricius, Portae Lucis, 1516

Der Mystiker Papus sagt dazu: »Die Kabbala ist die Wissenschaft von der Seele und von Gott und allen den Beziehungen, die zwischen ihnen stehen. Sie lehrt und beweist, daß Alles in Einem ist und Eines in Allem ... Der Besitz der kabbalistischen Schlüssel eröffnet jeder Religion, jeder Bruderschaft von Eingeweihten die Zukunft, den Erfolg, den Himmel.«

Der deutsche Tarot-Experte Joachim Winckelmann fügt an: »So ist nichts leichter zu verstehen und doch nichts schwerer zu studieren als die heilige Kabbala, die den wahren Kern aller abendländischen Mystik bildet.«

Wenige von uns sind heutzutage in der Lage, tief in das geheimnisvolle Gefüge des kabbalistischen Baumes einzudringen. Kaum einer hat die Zeit, jahrelang den verborgenen Weisheiten nachzuspüren, die auf den 22 Pfaden zu finden sind. Darum werden die mystischen, kabbalistischen Beziehungen der 22 Karten nur kurz in Schlüssel 5 beschrieben.

Es ist jedoch für jeden Tarot-Kenner unerläßlich, die wichtigsten Zusammenhänge nachzuempfinden, wie sie in den Schlüsseln 1 bis 4 beschrieben werden. Wer das macht, ist später in der Lage, Tarot-Karten zu legen und damit Lebenssituationen zu deuten, wie das ab Schlüssel 6 beschrieben wird. Wer sich hingegen nicht mit den Schlüsseln 1 bis 4 beschäftigt, für den wird das spätere Legen und Deuten zu keinem sinnvollen Ergebnis führen.

Vorbereiten und Entspannen

Immer wenn Sie sich mit dem Tarot beschäftigen, sind einige Grundregeln zu beachten. Wenn Sie alles befolgen, dringen Sie in eine geheimnisvolle Welt ein. Wenn Sie leichtfertig gegen wichtige Regeln verstoßen, bleibt die Tür zur Erkenntnis verschlossen.

- Entspannen Sie sich an einem ruhigen Ort. Vermeiden Sie Hast und Eile und sorgen Sie dafür, daß Sie nicht abgelenkt oder gestört werden.
- Sitzen Sie bequem vor einem Tisch. Wichtig ist vor allem körperliches Wohlbefinden.
- Bedecken Sie den Tisch mit einem Tuch, das Sie nur zu diesem Zweck verwenden. Eingeweihte benützen meist ein schwarzes Tuch. Sorgen Sie für gedämpftes Licht und angenehme Atmosphäre. Verwenden Sie ggf. zwei Kerzen und Räucherstäbchen.
- Bevorzugen Sie zur Meditation und Befragung die Abend- und Nachtstunden. Eingeweihte meditieren vorwiegend an den Tagen, an denen die Planeten Mond, Saturn oder Jupiter herrschen, also am Montag, Samstag oder Donnerstag.
- Bereiten Sie sich auch geistig vor. Stellen Sie sich auf den Tarot ein. Öffnen Sie sich, damit Sie alles, was aus den Karten auf Sie einströmt, bewußt oder intuitiv empfangen können.
- Vergegenwärtigen Sie sich, daß Sie es mit Urbildern zu tun haben werden, in denen sich das menschliche Denken seit seinen Anfängen widerspiegelt. Sie haben es nicht nur mit einfachen Spielkarten zu tun, sondern mit Symbolen, die so alt sind wie das menschliche Leben selbst.

Meditieren und Erkennen

Wenn Sie alles vorbereitet haben und entspannt sind, beginnt die Beschäftigung mit den Karten.

- Nehmen Sie die 22 Karten in die Hand und blättern Sie sie durch. Wichtig ist es, daß zwischen den Karten und dem Meditierenden ein Kontakt entsteht. Eingeweihte sprechen dabei von der magischen Belebung.

- Wählen Sie einen der Schlüssel 1 bis 5 aus, die in diesem Kapitel im Anschluß beschrieben werden. Wenn Sie zum ersten Mal meditieren, dann beginnen Sie mit Schlüssel 1. In jedem Schlüssel wird genau beschrieben, worauf es ankommt.

- Breiten Sie die Karten auf dem Tisch aus. Gehen Sie langsam und behutsam vor. Nur so werden Sie in die Lage versetzt, tiefe Zusammenhänge zu sehen oder zu ahnen. Diese Zusammenhänge können Gegensätze oder Entsprechungen sein.

- Generell kommt es darauf an, einerseits tief in die Symbolik einer Karte einzudringen, andererseits die Urbilder zweier oder mehrerer Karten in eine Beziehung zu bringen. Am Anfang sollte stets die Übung stehen, über die Bedeutung einer Karte nachzudenken.

- Anfangs werden Sie nicht darum herumkommen, in Worten zu denken. Denn Sie müssen sich mit der Bedeutung der einzelnen Karten erst vertraut machen, indem Sie die jeweiligen Karten im Kapitel 2 nachschlagen und dort die Texte lesen. Je mehr Sie aber mit der tiefen Bedeutung einer Karte vertraut werden, um so mehr werden Sie nach und nach in Bildern denken. Die Texte treten zurück und machen einer tieferen Intuition Platz.

- Jede Karte übermittelt Ihnen eine Botschaft und erweckt magische und mystische Urbilder, die bereits in Ihrem unbewußten Denken und Fühlen vorhanden waren.

- Wenn auf diese Weise alte Lehren vom Menschen und der Welt geheimnisvollen Wissens über das Diesseits und Jenseits übermittelt und aktiviert werden, dann liegt darin auch das Wissen um unsere Zukunft verborgen. So ist es nach der Meinung Eingeweihter möglich, den Tarot auch hierüber zu Rate zu ziehen.
- Jeder Gegenstand, jedes Lebewesen auf den Karten hat eine tiefe symbolische Bedeutung. Tarot-Kenner und Philosophen sind sich über die restlose Ausdeutung keineswegs völlig einig. Die einen erkennen das Wissen der Kabbala, die anderen die Geheimnisse der Alchemie oder der Astrologie, wieder andere forschen nach tiefen Zusammenhängen mit Planeten, Zahlen und Farben. Im Grunde ist jeder Deutungsversuch zu akzeptieren, der dem Fragenden positive Erkenntnisse vermitteln kann, der ihm hilft, Probleme zu erkennen und zu lösen.
- Durch Assoziation werden zwei oder mehrere Erlebnisinhalte miteinander verknüpft. Auf diese Weise können zwischen zwei oder mehreren Karten Assoziationsketten entstehen, die wiederum zu bestimmten Erkenntnissen verhelfen. Diese Assoziationen entstehen hauptsächlich durch Ähnlichkeit, Kontrast und räumliche wie zeitliche Berührungspunkte. Versuchen Sie, derartige Assoziationen zu finden, indem Sie zwei oder mehrere Karten auf sich wirken lassen.
- Wiederholen Sie in größeren Abständen ein und dieselbe Meditationsübung. Sie werden sehen, daß die Ergebnisse voneinander abweichen, in dem Maße, wie Sie sich ein magisches Wissen aneignen. So arbeiten Sie sich in uralte Denkweisen ein und lernen, sie zu verstehen.

Schlüssel 1:

Die natürliche Reihenfolge

Tarot-Experten stellen fest: Die Reihenfolge der 22 Tarot-Karten ist keinesfalls eine willkürliche. Vielmehr steht jede Karte mit der vorhergehenden und der nachfolgenden in einem bestimmten Zusammenhang.

- Legen Sie die 22 Karten im Kreis aus. Von Karte 1 bis Karte 21. Der Narr ist das Verbindungsglied zwischen den Karten 1 und 21, er ist gleichzeitig Anfang und Ende.

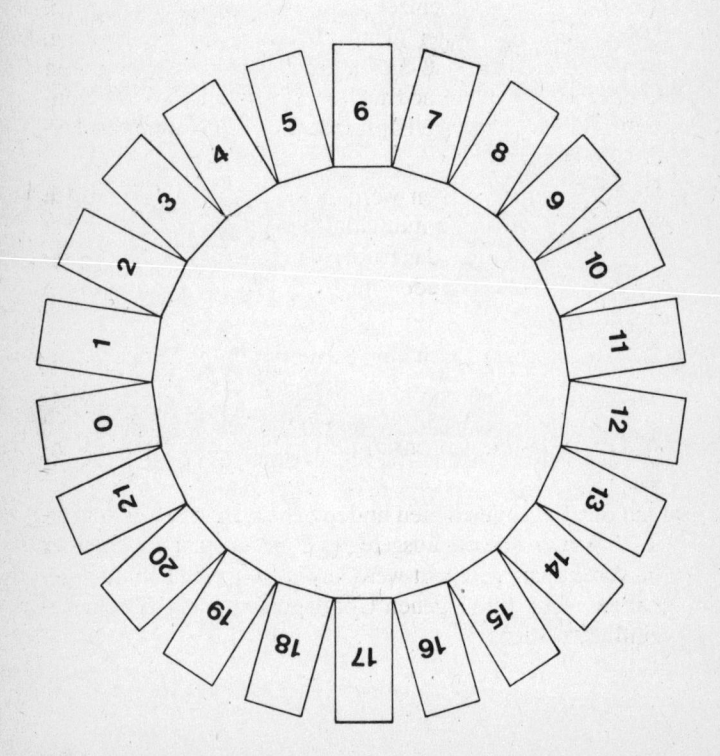

- Betrachten Sie diesen Kreis als Einheit. Er ist Symbol für Schutz und Sicherheit, für zusammenschließende Kraft, für immerwährendes Leben.
- Nehmen Sie eine Karte aus dem Kreis heraus und vor sich hin. Betrachten Sie das Bild, und meditieren Sie darüber. Hilfestellung erhalten Sie, wenn Sie im Kapitel 2 dieses Buches die beschreibenden Texte zu Rate ziehen.
- Nehmen Sie eine Nachbarkarte zur ersten Karte aus dem Kreis heraus und vor sich hin. Betrachten Sie die Bilder beider Karten, und meditieren Sie darüber. Versuchen Sie, Entsprechungen oder Gegensätze zu finden, indem Sie wiederum die Texte aus Kapitel 2 zu Rate ziehen.
- Verfahren Sie in mehreren Sitzungen so, daß Sie nach und nach alle 22 Karten einzeln und paarweise kennenlernen. Übertreiben Sie dabei nichts. Beenden Sie die Sitzung, wenn Sie merken, daß Sie sich nicht mehr konzentrieren können. Zwingen Sie sich auch nicht zu übertriebener Konzentration. Machen Sie Pause oder ein Ende, wenn Sie keine Lust mehr haben.
- Nach einigen Sitzungen werden Sie in der Lage sein, »in Bildern zu denken«, intuitiv die Bedeutung einer Karte zu erfassen. Sie können das frühzeitig erreichen, wenn Sie außerdem in stillen Stunden im Buch allein lesen und dabei meditieren.
- Sie können später auch eine Karte mit ihren beiden Nachbarkarten aus dem Kreis herausnehmen und vor sich hinlegen. Wieder sollten Sie versuchen, das Gesamtbild auf sich wirken zu lassen, Gegensätze und Entsprechungen zu finden.
- Auf den folgenden Seiten finden Sie ein Beispiel, in dem alle 22 Karten wie ein ausgelegtes Dominospiel miteinander in Verbindung gebracht werden. Es ist absichtlich kurz gehalten, damit Ihre eigenen Überlegungen nicht zu sehr beeinflußt werden.

Beispiel zu Schlüssel 1:

0—1 Der Magier ist ein Gaukler und Jongleur. Das verbindet ihn mit seinem Vorgänger, dem Narren. Andererseits steht der passive, dumme Narr im Gegensatz zum weisen, selbstbewußten Magier.

1—2 Das Wissen um verborgene Dinge, dem Magier eigen, ist auch eine Stärke der Hohepriesterin. Der Magier ist aktiv, die Hohepriesterin hingegen passiv.

2—3 Die Hohepriesterin repräsentiert die geistige Seite des weiblichen Archetyps, das tiefe, intuitive Verstehen. Die Herrscherin hingegen die brillante Intelligenz.

3—4 Herrscherin und Herrscher sind schlechthin Symbole für Mutter und Vater, für Fruchtbarkeit und Energie.

4—5 Hier stehen die Urbilder von weltlicher und geistiger Macht nebeneinander.

5—6 Der Hohepriester repräsentiert einen Kult, ein Dogma, eine Religion. Damit wird dem Menschen die Verantwortung abgenommen, einen eigenen Weg zu finden. Die Entscheidung der Karte 6 ist hingegen selbst zu treffen.

6—7 Auf der einen Seite sehen wir die kindliche Unreife, das unruhige Abwägen, das unentschlossene Zögern. Auf der anderen Seite steht der siegreiche Held, der weiß, was er will.

7—8 Im Triumph werden einseitige Interessen zum eigenen Vorteil ausgelegt. Die Gesetzestreue hingegen behandelt Schwache und Mächtige gleich. Kühler Geschäftssinn und gewissenhafte Logik stehen sich gegenüber.

8—9 Äußere Gerechtigkeit regelt das gesellschaftliche Leben. Innere Gerechtigkeit steuert unser Gewissen. Die letztere findet man auch in der Weisheit und Besonnenheit des Eremiten.

9—10 Der Einsiedler kommt zu der Einsicht, daß sich das Leben immer nur im Kreis bewegt. Letztlich ruht das Schicksal in Gottes Händen. Selbstprüfung und Besinnung finden sich auf beiden Karten.

10—11 Man muß das Schicksal hinnehmen, Leidenschaften bekämpfen, sich dem Geistigen zuwenden. Dann kann man seine Kräfte einteilen und damit sogar Löwen zähmen.

11—12 Geduld, Einsicht und Überlegung können Gefahren abwenden. Es ist jedoch nur ein kleiner Schritt zur Ausweglosigkeit und Identitätskrise. Schwere Prüfungen sind die Folge.

12—13 Auf die erzwungene Untätigkeit muß schließlich eine Erneuerung folgen. Aussichtslose Situationen, engherzige Einstellungen werden aufgegeben. Neues Leben kann entstehen, eine Wiedergeburt findet statt.

13—14 Nach dem Verhängnis und der Enttäuschung hat man an Erfahrung gewonnen. Nun gelingt es, Maß zu halten, seine Triebe zu beherrschen, Selbstkontrolle zu üben.

14—15 Wer flexibel, vielseitig und unbekümmert ist, wird häufig vom materiellen Erfolg angelockt. Kompromisse und Mangel an Entscheidungskraft führen in die Unselbständigkeit. Der starke Einfluß von außen verstärkt sich.

15—16 Auf die Unterdrückung von außen, auf die Verblendung durch den inneren Instinkt, auf Unterwürfigkeit und Leidenschaft folgen Schicksalsschläge und Katastrophen. Aus Haß und Wut kann es zu Selbsterkenntnis und Läuterung kommen.

16—17 Nun folgt der Frieden nach dem Sturm. Nach dem tiefen Sturz erweitert sich das Bewußtsein. Der Phönix steigt aus der Asche. Es herrschen wieder Harmonie und Ruhe.

17—18 Die gewaltigen Energien der Sterne werden in Formen gebracht, die das Bewußtsein aufnehmen kann. Die kosmischen Strahlen öffnen sich der Fantasie, der Sinnestäuschung.

18—19 Der Mond kündigt Veränderungen an, so wie es seinem Wesen entspricht. Auf unbesonnene Abenteuer und Prüfungen wirkt die Sonne nun wie eine Befreiung. Auf die Nacht folgt ein strahlender Tag. Aber auch die Zeit der Vorbereitung auf Tod und Wiedergeburt.

19—20 Nach einem erfüllten Leben, nach Glück und Erleuchtung, nach Gesundheit und Reichtum wird es Zeit, das irdische Leben zu überwinden. Der Mensch möge auf das rechte Maß der Dinge zurückgeführt werden.

20—21 Nach dem Jüngsten Gericht, nach innerem Sieg und Auferstehung umfängt uns das Universum mit seiner Harmonie. Jetzt erst verstehen wir Sinn und Inhalt des Lebens. Der lange Weg ist nun zu Ende.

21—0 Für den Narren gibt es kein Ende. Mit seinem Drang zum Abenteuer, mit seiner Risikobereitschaft macht er sich auf den Weg und beginnt von vorne. Ein weiteres Mal wird der archetypische Weg durch die Urbilder des Lebens beschritten. So geht es in alle Ewigkeit.

Schlüssel 2:

Die drei Sequenzen

Die Tarot-Interpreten haben immer wieder nach übersichtlichen Einteilungskriterien gesucht, die zu einem leichteren Verständnis des »Großen Arkanums« führen. Ein bekanntes Kriterium ist es, den Narren wegzulassen und die verbleibenden 21 Karten in drei Siebenergruppen auszulegen.

- Legen Sie in die erste Reihe die Karten 1 bis 7, in die zweite Reihe die Karten 8 bis 14, in die dritte Reihe die Karten 15 bis 21.

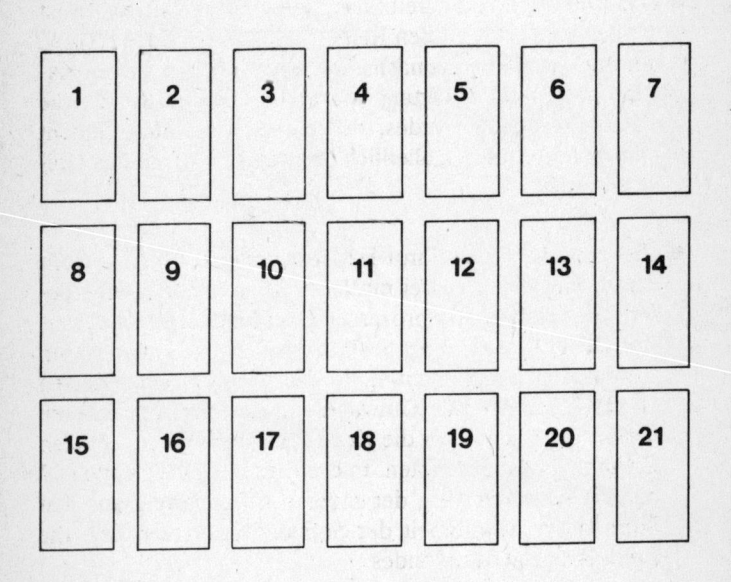

1	2	3	4	5	6	7
8	9	10	11	12	13	14
15	16	17	18	19	20	21

- Betrachten Sie dieses Rechteck als Einheit. Meditieren Sie über die drei Reihen und über die sieben Spalten.

- Die erste Reihe beschreibt die äußere Welt. Es ist die Sequenz der gesellschaftlichen Belange. Sie reicht vom Magier über die vier thronenden Personen (Hohepriesterin, Herrscherin, Herrscher, Hohepriester), über den Menschen, wie er vor der Entscheidung steht, bis zum großen, aber oberflächlichen Triumph.

- Die zweite Reihe beschreibt die innere Welt. Es ist die Sequenz der Tiefenpsychologie, der verborgenen Werte. Das Gewissen der Gerechtigkeit, die Besonnenheit des Einsiedlers, die Veränderungen durch das Schicksal, die Kraft des Geistes, die aussichtslose Situation des Gehenkten, Tod und Erneuerung, Gleichgewicht durch Mäßigkeit.

- Die dritte Reihe beschreibt das Ziel der Erleuchtung. Es ist die Sequenz einer großen Reise, beginnend mit dem Teufel, der dem Menschen zunächst im Wege steht. Es folgen Katastrophe und Zerstörung, die Harmonie der Sterne, die Täuschungen des Mondes, die Reinheit der Sonne, Gericht und Auferstehung, schließlich das Alles in Allem des Universums.

- Die amerikanische Tarot-Expertin Rachel Pollack weist darauf hin, daß die drei mittleren Karten jeder Reihe bestimmte Entwicklungsprozesse versinnbildlichen. In der ersten Reihe (Karten 3 bis 5) finden wir die Trias von Natur, Gesellschaft und Erziehung. In der zweiten Reihe (Karten 10 bis 12) findet eine Umwandlung statt von der äußeren Vision des Rades über die Kraft der Magie bis zur inneren Erfahrung des Gehenkten. In der dritten Reihe (Karten 17 bis 19) führt der Weg der inneren Offenbarung aus den Sternen zur Bewußtheit der Sonne. Dazwischen liegt die Fremdartigkeit des Mondes.

- Aber auch bei den sieben senkrechten Spalten lassen sich Gemeinsamkeiten oder fortschreitende Ereignisse finden. Auf der folgenden Seite sind sieben Beispiele angeführt.

Beispiel zu Schlüssel 2:

1. Spalte: Die Macht des Magiers, die Macht der Gerechtigkeit, die Macht des Teufels.

2. Spalte: Die Intuition der Hohepriesterin, die Enthaltsamkeit des Einsiedlers, beide führen zu Erkenntnis und Läuterung (durch die Zerstörung äußerer Werte).

3. Spalte: Die Weisheit der Herrscherin besänftigt die Unruhe (und die Unbeständigkeit des Schicksals). Es folgt die Erlösung durch die Harmonie der Sterne.

4 Spalte: Die Energie des Herrschers, die Kraft der Löwenbändigerin, sie verleiten zur Unbesonnenheit (des Mondes).

5. Spalte: Der Glaube des Hohepriesters, die schweren Prüfungen, die der Gehenkte durchmacht, sie bringen die Erleuchtung (im Licht der Sonne).

6. Spalte: Die schwierigen Entscheidungen des Lebens, das unabwendbare Verhängnis des Todes, sie führen zum Jüngsten Gericht.

7. Spalte: Vom billigen äußeren Triumph (des Siegers) über die Aufgeschlossenheit (der Mäßigkeit) zur großen Harmonie (der Welt).

Schlüssel 3:

Die vier Heilswege

Überraschende Beziehungen zwischen den Karten stellen sich heraus, wenn man jede Karte mit der nachfolgenden dritten verbindet, also jeweils zwei Karten überspringt. Daraus ergeben sich die drei Heilswege, die der Tarot-Forscher Uxkull entdeckt hat, nämlich der Osirisweg, der Isisweg, der Horusweg.

- Legen Sie die Karten spaltenweise aus, 1 bis 3 in die erste, 4 bis 6 in die zweite, 7 bis 9 in die dritte usw., schließlich 19 bis 21 in die siebte Spalte.

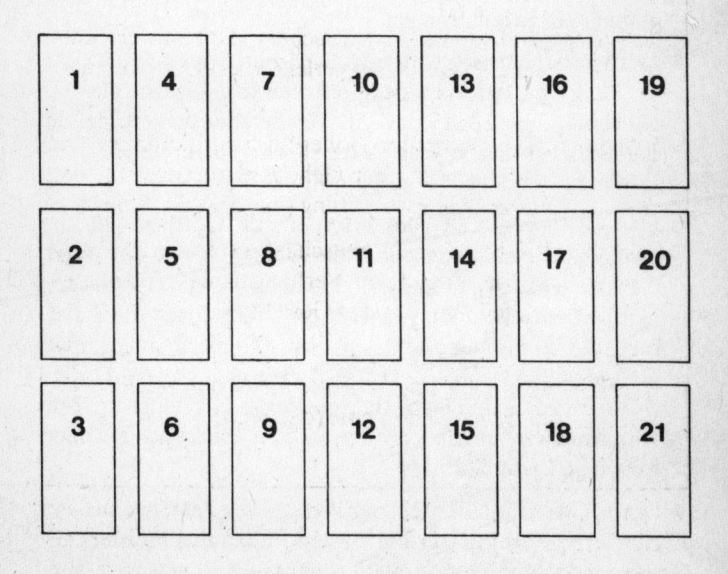

1	4	7	10	13	16	19
2	5	8	11	14	17	20
3	6	9	12	15	18	21

- Jede Reihe stellt einen der drei Heilswege dar. Der vierte Heilsweg umfaßt die Karten 1, 5, 9, 13, 17 und 21. Er entsteht, wenn man die erste Karte mit der jeweils nachfolgenden vierten verbindet, also jeweils drei Karten überspringt.

- Die erste Reihe ist der Osirisweg. Er ist der Weg der Tat, die Säule der Mitte. Die Quersumme der Kartennummern ergibt bei allen sieben Karten 1, 4 oder 7. Machen Sie sich eigene Gedanken über den Osirisweg. Später folgen nähere Erläuterungen.

- Die zweite Reihe ist der Isisweg. Er ist der Weg der Liebe, die Säule der Schönheit. Die Quersumme der Kartennummern ergibt bei allen sieben Karten 2, 5 oder 8. Machen Sie sich eigene Gedanken über den Isisweg. Später folgen nähere Erläuterungen.

- Die dritte Reihe ist der Horusweg. Er ist der Weg der Erkenntnis, die Säule der Stärke. Die Quersumme der Kartennummern ergibt bei allen Karten 3, 6 oder 9. Machen Sie sich eigene Gedanken über den Horusweg. Später folgen nähere Erläuterungen.

- Der vierte Heilsweg wurde von Joachim Winckelmann entdeckt. Er ist der Weg des Gesetzes und besteht aus den Karten 1, 5, 9, 13, 17 und 21. Machen Sie sich eigene Gedanken über diesen Weg. Auch er wird später näher erläutert.

- Der Osirisweg: Die alles erschaffende Gottheit (1), der nach der Erschaffung der Welt ruhende Gott, der durch Gesetze lenkt (4), Gott, der seine Schöpfung der Vollkommenheit entgegenführt (7). Das geschieht durch die Schaffung des Menschen, der sich dem Schicksal stellen muß (10), dem Tod entgegengeht (13), bis er durch seine Zerstörung (16) auf seinem tiefsten Punkt angelangt ist. Frei von irdischen Fesseln kann er wieder aufsteigen zum vollen Leben im Licht Gottes (19).

- Der Isisweg: Der Mensch, der diesen Weg geht, hat aus den Büchern gelernt (2), er hat zu den Füßen des Meisters gesessen (5), hat die Wahrheit erkannt und ist gewogen worden (8). Er hat Mut und andere Tugenden in sich entwickelt (11) und ist somit reif, um eingeweiht zu werden. Die Kräfte befähigen ihn, verschiedene Prüfungen zu bestehen. Er schreitet von Wiederverkörperung zu Wiederverkörperung (14), beim Gestalten seines Charakters und der Verhältnisse im irdischen Leben. Dann gießt er die Wasser des Lebens nicht mehr um, sondern aus (17) in das Meer allen Seins, er gibt sich der Gottheit hin und geht in ihr auf. Zuletzt erlangt er Unsterblichkeit und ewiges Leben (20).

- Der Horusweg: Der Weg der Erkenntnis ist auch ein Weg des Leidens. Er führt aufwärts wie der Flug des Adlers (3) und stellt den Menschen vor die Entscheidung (6). Wählt er nun einen der beiden anderen Wege der Liebe? Oder geht er weiter auf dem Horusweg, der der schwierigste, aber auch der erkenntnisreichste ist? Der Mensch wählt richtig und weise, geht wie ein Pilger durch die Wüste (9). Die Einsamkeit steigert sich zu entsetzlichen Prüfungen (12), wo alles verkehrt und aussichtslos erscheint. Er hat mit Lügen und Ungerechtigkeit zu kämpfen (15) und muß sich durch das Chaos der Leidenschaften durchringen (18), ehe er zur völligen Ruhe und Klarheit, zur Vereinigung mit Gott kommt (21).

- Der Weg des Gesetzes: Der Magier (1) unterzieht den Suchenden einer Prüfung, ob er geeignet ist, den Weg des Gesetzes zu beschreiten. Er erkennt seine innere Bereitschaft und verweist ihn an den Hohenpriester (5), der ihn in die Gesetze des Lebens einweiht. Der Suchende erlangt durch Erkenntnis die vollkommene Weisheit (9) und pilgert lehrend durch die Welt. Auf das Leben folgt der Tod, auf den Tod folgt das Leben (13). Das Ich inkarniert sich schließlich auf höheren Planeten oder auf höheren geistigen Stufen (17). Der Inhalt des Kruges wird in das Meer der Unendlichkeit gegossen. Der Suchende erreicht die höchste Stufe, die Vereinigung mit Gott (21). Der Weg des Gesetzes endet wie der Weg der Erkenntnis.

Schlüssel 4:

Die Gegenkarten

Jede Karte hat ihre Gegenkarte. Paarweise angeordnet ergeben sich bestimmte Bilder, die entweder einen Gegensatz oder eine Steigerung zeigen. Nach Uxkull haben die alten Ägypter im Einweihungstempel von Memphis auf diese Weise die Karten gelegt.

- Legen Sie die Karten von 1 bis 11 von links nach rechts in die erste Reihe. Legen Sie dann die Karten von 12 bis 22 von rechts nach links als zweite Reihe unter die erste.

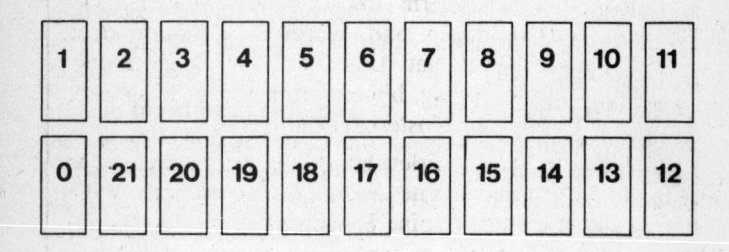

1	2	3	4	5	6	7	8	9	10	11
0	21	20	19	18	17	16	15	14	13	12

- Jeweils zwei Karten einer Spalte gehören zusammen. Die eine ist die Gegenkarte der anderen und umgekehrt.
- Man benützt eine Gegenkarte beim Kartenlegen, wenn eine Karte allein nicht zum gewünschten Ergebnis führt. Oft kann dann die Gegenkarte einen gegensätzlichen, gesteigerten oder gemäßigten Aspekt aufzeigen.
- Meditieren Sie über die einzelnen Paare. Auf der folgenden Seite finden Sie ein Beispiel, wie man die Paare deuten kann. Die Texte beruhen auf einer Tabelle des Tarot-Experten Oswald Wirth.

Beispiel zu Schlüssel 4:

1—0 Der Magier ist aktiv und positiv, der Narr ist passiv und negativ. Der eine hat Initiative, Selbstbewußtsein, Weisheit und Vernunft, der andere ist äußeren Einflüssen unterworfen, impulsiv und töricht.

2—21 Die Hohepriesterin hat Intuition und Eingebung, der Geist durchdringt das Mysterium, ein Wissen über verborgene Dinge entsteht. Dann enthüllt sich das Mysterium der Seele, die Erkenntnis von der ganzen Welt. Vollkommenheit, Alles in Allem, die Wissenschaft vom Absoluten.

3—20 Die Herrscherin hat Beobachtungsgabe, Begriffsvermögen und Weisheit. Vernunft steht über Kreativität. Das führt zur Begeisterung, Übersteigerung, höherer Eingebung, Prophetie, Gericht und Unsterblichkeit.

4—19 Die innere Erleuchtung des Herrschers, das fleischgewordene Wort, Konzentration, Wille und Energie. Eine Steigerung zum allumfassenden Licht, zum ewigen Wort, zur Erleuchtung durch das Genie, zur Glückseligkeit.

5—18 Der Hohepriester ist abstrakt, forschend nach der Wahrheit. Ihn leiten Übersinnlichkeit, Religion, Pflicht, moralisches Gesetz. Der Mond ist konkret, empfindsam. Er bewirkt Sinnestäuschungen, Aberglaube, Materialismus, Vorurteile, Eigensinn, Fantasie.

6—17 Die Entscheidung beinhaltet Freiheit, Wahl, Zweifel, Gefühl und Zuneigung. Die Sterne symbolisieren Weissagung, Hoffnung, Ideale, Ästhetik, hingebenden Glauben an die Unsterblichkeit.

7—16 Der Triumphwagen symbolisiert Herrschen, Talent, Fähigkeiten, den Lehrer, der sich Gehorsam verschafft, Fortschritt und Harmonie. Die Zerstörung beinhaltet Vermessenheit, Fall, Voreingenommenheit, Unfähigkeit, das Opfer revolutionierender Kräfte, Revolution, Katastrophe.

8—15 Die Gerechtigkeit beruht auf Gesetz, Ordnung, Gleichgewicht, Beständigkeit, Logik, Ruhe, Regelmäßigkeit, Urteilsfähigkeit. Der Teufel symbolisiert Willkür, Unordnung, Disharmonie, instinktives Handeln, Haß, Wut, blinde Leidenschaft.

9—14 Der Weise ist enthaltsam, einsam, klug, diskret, zurückhaltend. Er geht methodisch vor und symbolisiert die Sparsamkeit. Die Mäßigkeit symbolisiert die Teilung und Vereinigung, die Unbekümmertheit und Offenheit, Freigebigkeit und okkultes Wissen.

10—13 Das Schicksalsrad symbolisiert Gelegenheit, Ehrgeiz, Erfindungen und Entdeckungen, Lebenskraft und das individuelle Dasein. Der Tod beinhaltet Verhängnis, Enttäuschungen, Verzicht, Zersetzung, Fäulnis, Ende, Erneuerung und Umwandlung.

11—12 Die Kraft hat Macht und symbolisiert verwirklichte Ideen, praktisches Genie, Intelligenz, Energie, Mut, Tatkraft. Die Prüfung des Gehenkten beinhaltet Machtlosigkeit, Träumerei, Opfer der Dummheit, eine aussichtslose Situation.

- Wichtig ist die Erkenntnis, daß sich alle Gegensätze beeinflussen und ergänzen. Wie die von den alten Griechen beschriebenen vier Temperamente und ihre Beziehungen zu physikalischen Elementen und Eigenschaften.

Die vier Temperamente, aus: Leonhard Thurnheysser, Quinta essentia, 1574

Schlüssel 5:

Geheimnisse der Kabbala

Die Mystik der Kabbalisten ist nur Eingeweihten verständlich, die sich lange Zeit damit beschäftigt haben. In diesem Abschnitt können lediglich die Grundzüge der geheimnisvollen Beziehungen zwischen Kabbala und Tarot dargestellt werden. Wer tiefer eindringen möchte, muß sich mit der entsprechenden Literatur beschäftigen.

- Bilden Sie mit den ersten zehn Karten den kabbalistischen Baum nach. Die ersten zehn Zahlen (hebräisch »Sephirot«) enthüllen nach alter Überlieferung die Geheimnisse der Schöpfung, indem sie erklären, wie die Mehrheit aus der Einheit entspringt.

- Die oberste und erhabenste aller göttlichen Offenbarungen ist Kether, die Krone (Karte 1, der Magier). Sie steht über allen anderen Sephira und hat die ganze Welt erschaffen. In der alten Kabbala wird Kether mit Gott selbst gleichgesetzt und auch das Unendliche, das Nichtseiende genannt.

- Die zweite Sephira heißt Chochmah, die Weisheit (Karte 2, die Hohepriesterin). Sie steht für den schöpferischen Gedanken, das Wort, die erhabene Vernunft.

- Die dritte Sephira heißt Binah, die Intelligenz (Karte 3, die Herrscherin). Sie symbolisiert Verständnis, Verallgemeinerung aller Ideen, die Jungfrau Mutter, die die Urbilder aller Dinge zur Welt bringt.

- Die vierte Sephira heißt Chesed, die Gnade, der Dank (Karte 4, der Herrscher). Sie steht für schöpferische Liebe, die alle Wesen ins Leben ruft, für Macht, die alles Leben gibt und lenkt.

- Die fünfte Sephira heißt Geburah, die Härte, die Strafe, der Ernst, die Furcht, das Gericht (Karte 5, der Hohepriester). Sie symbolisiert den Willen, die Pflicht, das moralische Gesetz.

Säule der Mitte

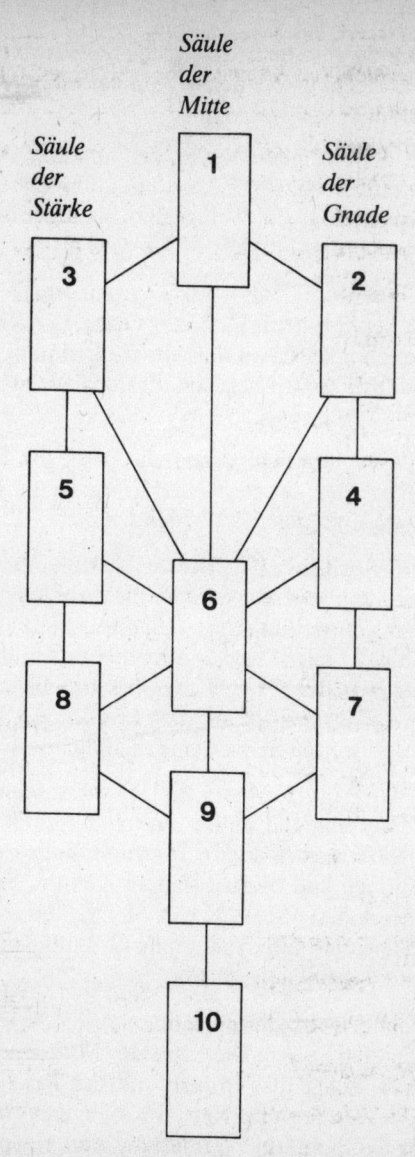

Säule der Stärke

Säule der Gnade

Der kabbalistische Baum, gebildet aus den ersten zehn Karten

- Die sechste Sephira heißt Tiphereth, die Schönheit, das Gefühl, die Zuneigung, die den Willen bestimmt (Karte 6, die Entscheidung).
- Die siebte Sephira heißt Nezah, der Triumph, der Sieg, die Entschlossenheit (Karte 7, der Triumphwagen). Sie steht für das Prinzip, das die Welt regiert, sie leitet Bewegungen und begründet den Fortschritt. Sie wird als der große Baumeister des Universums gedeutet.
- Die achte Sephira heißt Hod, der Glanz, der Ruhm (Karte 8, die Gerechtigkeit). Auf ihr ruht die Ordnung, welche die Natur bei ihrer Arbeit benötigt, das unabwendbare Gesetz aller Dinge.
- Die neunte Sephira heißt Jesod, die Basis, das Fundament, der göttliche Plan (Karte 9, der Einsiedler). Sie stellt die verborgenen Energien des Werdenden dar.
- Die zehnte Sephira schließlich heißt Malkuth, das Reich, die Regierung, die Königswürde, die das Denken, Wollen, Handeln in sich vereint (Karte 10, das Schicksalsrad). Hier vereinigen sich Geist, Seele und Körper und bilden den heiligen Menschen, den Adam Kadmon, symbolisiert durch das Rad des Lebens. Er steht auf dem Endlichen, der materiellen Welt, und vermittelt mit dem Unendlichen.
- Die erste Dreiheit (Karten 1 bis 3) repräsentiert die intellektuelle Ordnung und steht in Verbindung mit dem Geist. Die zweite Dreiheit (Karten 4 bis 6) symbolisiert die moralische Ordnung und bezieht sich auf Gefühl, die Schulung des Willens und der Seele. Die dritte Dreiheit (Karten 7 bis 9) bezieht sich auf die dynamische Ordnung, die wirkliche Tätigkeit und damit auf den Körper.
- Eine andere Art der Zusammenfassung ist die in drei senkrecht stehenden Säulen. Die Säule der Mitte umfaßt Krone, Herrlichkeit, einigendes Prinzip und das Reich, die Herrschaft. Alle vier Sephira (Karten 1, 6, 9 und 10) repräsentieren die Synthese, die Vermittlung und entsprechen der Farbe Grün.

- Die Säule der Stärke umfaßt Vernunft, Recht und das weibliche, passive Prinzip. Alle drei Sephira (Karten 3, 5 und 8) repräsentieren die Antithese, den Gegensatz und entsprechen der Farbe Rot.
- Die Säule der Gnade umfaßt Weisheit, Große Gnade und das männliche, aktive Prinzip. Alle drei Sephira (Karten 2, 4 und 7) repräsentieren die These, den Satz und entsprechen der Farbe Weiß.
- Die zehn Sephira stehen also nicht vereinzelt da. Sie sind vielmehr auf wunderbare Weise miteinander verbunden und bilden so den Baum des Lebens. Auf der folgenden Seite wird noch eine weitere Feinheit angedeutet: Die zehn Sephira, die ihrerseits die ersten zehn Karten repräsentieren, sind untereinander durch 22 Kanäle oder Pfade verbunden. Diese Wege entsprechen wiederum allen 22 Tarotkarten, aber auch den 22 Buchstaben des hebräischen Alphabets, den 22 Namen Gottes usw. Sie können diesen geheimnisvollen Beziehungen nachspüren, indem Sie darüber meditieren.
- Wenn wir nun zum Abschluß etwas vereinfachen, läßt sich der Lebensbaum wie folgt beschreiben: Ganz oben steht Gott als Schöpfer des Universums (1), darunter sitzen vier Gestalten (2 bis 5), die Gottes Weisheit, Intelligenz, Gnade und Härte symbolisieren. Ganz unten der leidgeprüfte Mensch (10), der als Weiser (9) nach oben strebt. Es stehen ihm vielfältige Entscheidungen (6) offen, zwischen einseitiger Oberflächlichkeit (7) und innerer Wahrheit (8).

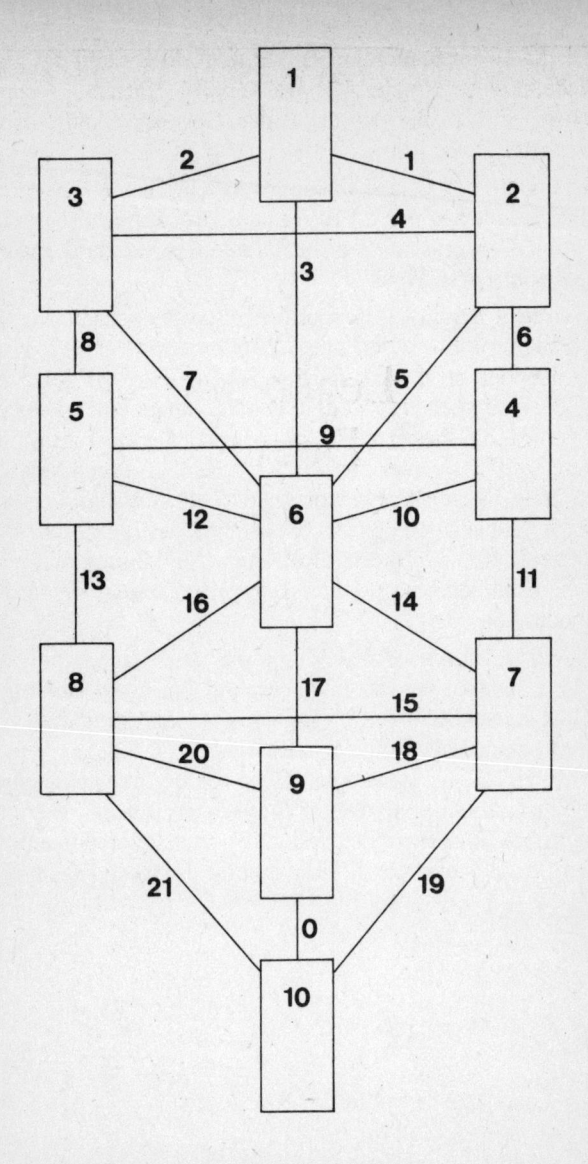

Zehn Sephira, geordnet zu drei Säulen, verbunden durch 22 Pfade

4.
Legen und Deuten

Das Glücksrad

Das Rad des Schicksals dreht sich, und wir drehen uns mit. Ähnlich wie auf der Karte 10, nur sind es auf der mittelalterlichen Abbildung die sieben Planeten, die sich im Kreis bewegen, die einmal oben und einmal unten sind. Jeder hat seine Zeit, in der er ein Jahr lang regiert, dann kommt der nächste an die Reihe. Was sie symbolisieren, ist nicht wörtlich zu nehmen, allerdings erkennt man ein ständiges Auf und Ab, wie beim Schicksal eines Menschen, das zu deuten ist.
Obenauf sitzt zur Zeit der Mars, von Natur aus hitzig und trocken, gallig und cholerisch, Anstifter des Kriegs, der Gewalttaten und der Tyrannei. Dann folgt die Sonne, warm, trocken und männlich, Würde, Ehre und Reichtum verheißend. Als nächstes kommt die Venus, feucht und warm, weibisch und temperiert, in allen Aspekten gütig. Danach folgt Merkur, kalt und trocken, veränderlich und unbestimmt. Dann regiert der Mond, kalt und feucht, ein weibischer Planet, aber glückbringend. Hierauf kommt der Saturn, kalt und trocken, männlich, melancholisch und böse, der menschlichen Natur feindlich. Danach schließlich der Jupiter, warm und feucht, sanguinisch und lüftig, der menschlichen Natur geneigt. Bis er wieder dem Mars die Regentschaft überläßt.
In nahezu allen Kulturbereichen rund um die Erde kennt man Orakel. Künftige Ereignisse, räumlich entfernte Situationen, richtige Handlungsweisen sollen erkundet werden. Dazu dienten den Menschen die unterschiedlichsten Gegenstände. Die dampfenden Eingeweide geschlachteter Tiere, die Muster des Vogelflugs am Himmel, geworfene Stäbe, Münzen oder Würfel, Kaffeesatz oder Spielkarten. Immer ausgehend vom Wunsch, etwas Zukünftiges oder Geheimnisvolles zu erfahren. Immer mit der inneren Überzeugung, daß im Kosmos alles miteinander verbunden ist, daß alles Bedeutung hat, daß nichts zufällig geschieht.
Seit alters her sagt ein Orakel niemals auf Fragen »Ja« oder »Nein«. Das war schon im alten Delphi so, als Pythia über der Felsspalte in den Schwefeldämpfen hockte und den Ratsu-

Das Glücksrad, Holzschnitt, um 1490

chenden lediglich die Möglichkeiten eines Entwicklungsprozesses aufzeigte. Immer mußte der Mensch selbst entscheiden, was zu tun war. So ist es auch mit dem Tarot, der verschlüsselt die Grundmuster des menschlichen Erlebens aufzeigt, wie sie sich auch in den geheimen Büchern der Alchimisten finden.
Wenn es nun so viele Möglichkeiten gibt, die Zukunft zu deuten, warum sollte man dann gerade den Tarot verwenden? Die amerikanische Tarot-Expertin Rachel Pollack sagt darauf: »Die Antwort ist die, daß uns jedes System irgend etwas sagt. Der Wert dieses Irgendetwas aber hängt von der dem jeweiligen System innewohnenden Weisheit ab. Die Bilder des Tarot tragen schon in sich selbst so viel tiefe Bedeutung, daß die Muster, die sie bei den Auslegungen formen, uns sehr viel über uns selbst und über das Leben im allgemeinen sagen können.«
Der Tarot, der die Entwicklung eines Menschen nachbildet, ist mit seinen Aussagen vor allem auf die Aspekte der geistigen Entwicklung gerichtet. Dieses Wachstum des Geistes ist ein Geschehen, das sich behutsam entfaltet, das viele Wege gehen kann, um zum Ziel zu gelangen. Diese Vielfalt bringt es mit sich, daß einfache Gebrauchsrezepte für die Zukunft nicht zu erwarten sind, die gleichsam eine Anleitung für eine schrittweise Vorgehensweise ergeben. Was ein Mensch aus seinen Entwicklungsmöglichkeiten macht, hängt zum Großteil von ihm selbst ab. Der Tarot skizziert lediglich Möglichkeiten der Entwicklung. Von der Vergangenheit in die Gegenwart, vom Heute in die Zukunft. Und das in einer Form, die vom Fragenden erst interpretiert werden muß. Daher ist es sehr wichtig, daß sich der Fragende in die Bedeutung der Karten und in seine eigene Lage vertieft.

Vorbereiten und Entspannen

Wie beim Meditieren sind auch beim Kartenlegen und Deuten einige wichtige Regeln zu beachten. Besonders dann, wenn Sie den Tarot für eine andere Person zu Rate ziehen und damit eine große Verantwortung auf sich nehmen.

- Generell gelten dieselben Regeln, wie wir sie schon beim Meditieren kennengelernt haben: Sie sollen sich entspannen, Sie sollen bequem sitzen und ggf. mit einem Tischtuch, mit gedämpftem Licht und mit Räucherstäbchen für eine angenehme Atmosphäre sorgen.

- Bevorzugen Sie zur Befragung des Tarot die Abend- und Nachtstunden. Eingeweihte meditieren — wie schon gesagt — vorwiegend am Montag, Samstag oder Donnerstag.

- Bereiten Sie sich und der Person, für die Sie den Tarot befragen, geistig auf das Legen und Deuten vor. Erklären Sie einer zweiten Person unbedingt, was es mit dem Tarot auf sich hat. Es muß klargestellt werden, daß es sich nicht um eine Party-Wahrsagerei handelt, sondern um eine ernsthafte Beschäftigung mit den Urbildern der Menschheit.

- Durch die äußere Umgebung, durch Ruhe und Gelassenheit, durch die geistige Vorbereitung sorgen Sie für die nötige Erwartungsspannung. Öffnen Sie Ihr Inneres, damit Sie alles, was aus den Karten auf Sie einströmt, empfangen können. Wenn eine zweite Person anwesend ist, dann sorgen Sie dafür, daß diese Erwartungsspannung auch bei ihr eintritt.

- Bereiten Sie sich auf die richtige Frage vor. Nur eine richtige Frage kann zu einer richtigen Antwort führen. Es darf keine Frage sein, auf die man mit einem einfachen »Ja« oder »Nein« antworten könnte. Es sollte eine Frage sein, die sich auf einen Entwicklungsprozeß bezieht, die danach forscht, wie man sich in einer bestimmten Situation zu verhalten hätte. Man fragt also nicht: »Soll ich Hans oder Erich heiraten?« sondern man fragt: »Welche Umstände sind zu überwinden, die mich einer Entscheidung näherbringen? Was muß ich tun, damit ich klarer sehe? Wie soll ich mich Hans gegenüber verhalten? Was verbindet mich mit Erich?«

- Generell darf man nur das fragen, was unser höheres Selbst billigt und nicht, was wir als unwürdig empfinden. Wer dennoch Fragen stellt, die er insgeheim als unangemessen bewertet, wird keine Antwort erhalten. Die Karten werden wie tot in seinen Händen liegen.
- Es dürfen durchaus auch Fragen über alltägliche Dinge gestellt werden, wenn der ernsthafte Wunsch vorliegt, daß der Tarot helfen soll.
- Zu einem bestimmten Thema wird der Tarot nur einmal befragt. Sonst würde es zu einer Beeinflussung, zu einer Umdeutung kommen. Die Intuition würde versiegen, das Bild würde getrübt werden. Erst nach einer angemessenen Zeit, wenn ein Entwicklungsprozeß stattgefunden hat, könnte man ein bestimmtes Thema in abgewandelter Form wieder zur Sprache bringen.
- Konzentrieren Sie sich auf Ihre Frage. Nehmen Sie die Karten in die Hand bzw. geben Sie die Karten der Person, für die Sie den Tarot befragen. Wie beim Meditieren ist es auch beim Kartenlegen von großer Bedeutung, daß es zu einer magischen Belebung kommt, daß zwischen den Karten und der fragenden Person ein Kontakt entsteht.
- Lassen Sie sich Zeit mit dem Auswählen und Auslegen. Verlängern Sie im Zweifelsfall die Zeit der Vorbereitung und Entspannung.

Auswählen und Auslegen

Wenn Sie alles vorbereitet haben und entspannt sind, beginnt das eigentliche Auswählen und Auslegen. Die folgenden Punkte sind so geschrieben, als würden Sie alleine für sich den Tarot befragen. Wenn Sie den Tarot für eine andere Person zu Rate ziehen, dann sorgen Sie dafür, daß diese andere Person den Kontakt zu den Karten wahrnimmt.

- Je nach Fragestellung wird einer der folgenden Schlüssel verwendet, nach dessen Muster die Karten später auf dem Tisch ausgebreitet werden. Es kommt also im weiteren Verlauf je nach dem gewählten Schlüssel darauf an, drei bis zwölf Karten auszuwählen und auszulegen. Wenn Sie zum ersten Mal den Tarot befragen, sollten Sie den einfacheren Schlüssel 6 verwenden. Das ist der Schlüssel, nach dem drei Karten ausgewählt werden, die dann für Vergangenheit, Gegenwart und Zukunft stehen.

- Nehmen Sie die Karten zur Hand, mischen Sie den Stapel oder breiten Sie die Karten auf dem Tisch aus und schieben Sie sie wieder zusammen. Dieses Mischen dient weniger dazu, die Reihenfolge zu verändern, sondern es sorgt hauptsächlich für die schon erwähnte magische Belebung.

- Während Sie Kontakt mit den Karten haben, sollten Sie sich ganz fest auf Ihre Frage konzentrieren. Denken Sie bildhaft an Personen, Gegenstände, Situationen, die mit der Frage zu tun haben, und führen Sie Ihre Gedanken immer wieder auf die Frage zurück, bis sie gleichsam im Mittelpunkt steht. Nichts außer dieser Frage soll Sie schließlich beschäftigen.

- Wenn Sie voll auf Ihre Frage konzentriert sind, werden die Karten ausgewählt. Entweder werden Sie vom Tisch oder von der Hand aus ertastet, oder sie werden aus der Hand nach einem spontanen Zahlencode ausgewählt.

- Bei der ersten Methode werden die Karten mit dem Rücken nach oben auf dem Tisch ausgebreitet. Schieben Sie sie im Kreis herum, zusammen und wieder auseinander, langsam und gleichmäßig, immer mit der Frage im Gedächtnis. Irgendwann werden Sie feststellen, daß Ihre Hände eine bestimmte Gruppe von Karten bevorzugen, daß Ihre Finger schließlich eine Karte ausgewählt haben. Diese Karte wird mit dem Rücken nach oben je nach dem gewählten Schlüssel auf die erste Position des gewünschten Musters gelegt. Danach verfahren Sie in gleicher Weise, bis die drei bis zwölf Karten ausgewählt sind und auf den drei bis zwölf Positionen liegen, die dem Muster des Schlüssels entsprechen.

- Bei der zweiten Methode hält man die Karten mit dem Rücken nach oben in der Hand. Sie werden so lange gemischt, abgehoben, gefächert, zusammengeschoben, gemischt usw., bis man das Gefühl hat, welche Karte auf die erste Position des gewünschten Kartenmusters zu legen ist. Mit den anderen Karten verfährt man in gleicher Weise, bis die ausgewählten drei bis zwölf Karten das Muster des Schlüssels bilden.

- Bei der dritten Methode hält man die Karten ebenfalls mit dem Rücken nach oben in der Hand und mischt sie sehr lange. Irgendwann hört man mit dem Mischen auf und sagt ganz spontan eine Zahl von 1 bis 22. Diese Zahl gibt an, an welcher Stelle des Kartenpakets die erste Karte des gewünschten Schlüssels liegt. Mit den anderen Karten verfährt man in gleicher Weise. Für die zweite Karte mischt man also und sagt dann spontan eine Zahl von 1 bis 21. Schließlich liegen auch bei dieser Methode drei bis zwölf Karten mit dem Rücken nach oben auf dem Tisch und bilden das Muster des ausgewählten Schlüssels.

- Eingeweihte und Pendelkundige benützen auch noch eine vierte Methode, bei der die Karten mit dem Rücken nach oben auf dem Tisch ausgebreitet und mit Hilfe eines Pendels ermittelt werden.

Betrachten und Deuten

Wenn so viele Karten ausgewählt und ausgelegt wurden, wie nach dem jeweiligen Muster des gewählten Schlüssels erforderlich waren, beginnt der interessanteste Teil des Kartenlegens.

- Bleiben Sie weiterhin entspannt und ruhig. Konzentrieren Sie sich weiterhin voll auf die Fragestellung. Erweitern Sie nun Ihr Bewußtsein um die geheimen Botschaften, die Sie den ausgelegten Karten entnehmen.

- Drehen Sie die Karten um, so daß sie nun mit dem Bild nach oben liegen. Liegt eine Karte verkehrt, dann kann es sein, daß für sie verstärkt der negative Aspekt gilt, der im Text von Kapitel 2 mit den Worten »Gewarnt wird vor ...« beginnt.

- Meditieren Sie über die einzelnen Karten, über die Positionen, auf denen sie liegen, und über die Zusammenhänge, die sich von Karte zu Karte ergeben. Stellen Sie Bezüge zur Fragestellung her. Generell kann man jedes Symbol mit jeder Vorstellung verbinden, es gleichsam »aufladen«. Entsteht keine Beziehung zum Kartenbild, dann liegt es nicht am Tarot, sondern am Fragenden oder an den äußeren Umständen.

- Jede Karte kann nach ihrer Symbolik und nach ihrer Divinatorik gedeutet werden. Je nach der Frage und der Position, auf der sie liegt, wird sich jeweils ein ganz bestimmter Aspekt des Urbildes nach vorne schieben. Er wird Ihre Intuition anregen, sich mit der Frage verbinden und so eine sinnvolle Deutung ergeben.

- Wenn Sie keine Beziehung zum Kartenbild erhalten, dann kann es auch daran liegen, daß Sie zu wenig nach den Schlüsseln 1 bis 4 meditiert haben, daß Sie zu früh mit dem Kartenlegen und Deuten begonnen haben.

- Es gibt keine günstigen und ungünstigen Karten. Keine Karte spricht ausschließlich von Heil oder Unheil, keine sagt entschieden »Ja« oder »Nein«. Die Karten decken vielmehr Ursachen auf, sie zeigen Wirkungen, weisen Wege, lösen Konflikte, und das alles im durchaus positiven Sinn. Andererseits steckt in jeder Karte auch eine Warnung, denn jedes Positive hat sein negatives Spiegelbild.

- Die Karten, die auf den ersten Blick gesehen einen negativen Aspekt beinhalten, müssen besonders vorsichtig ausgelegt werden. So weist die Karte der Zerstörung (Karte 16) möglicherweise auf eine große Torheit hin, sie will warnen, sie möchte die Augen öffnen. So gilt der Tod (Karte 13) keinesfalls unbedingt als leiblicher Tod. Diese Karte weist vielleicht im Zusammenhang mit der Frage auf das Ende aller Leiden, auf die Möglichkeit der Erneuerung nach der Hoffnungslosigkeit hin.

- Jede Karte muß sinnvoll gedeutet werden. Gehen Sie daher immer wieder die einzelnen Positionen durch, bis die Erleuchtung kommt: So und nicht anders ist es! Das will mir die Karte sagen!

- Gibt es Widersprüche in den einzelnen Aussagen, dann betrachten Sie die anderen Karten noch einmal ganz kritisch: Vielleicht haben Sie etwas Wichtiges übersehen? Vielleicht haben Sie die negativen oder die warnenden Bedeutungen zu wenig beachtet?

- Bei einigen der Schlüssel gibt es eine Karte, die das Ergebnis, die Quintessenz darstellt. Sie liegt meist in der Mitte des Musters. Oft wird sie dadurch bestimmt, daß man aus den anderen ausgelegten Karten die Quersumme berechnet, die dann die Ergebniskarte bezeichnet. Es ist nun besonders wichtig, diese Ergebniskarte, dieses Endurteil besonders genau zu deuten und mit allen anderen Karten abzustimmen.

- Treten bei der Ergebniskarte Zweifel auf, wie sie zu deuten ist, gibt die Gegenkarte der Quintessenz oft Aufschlüsse, die eine Deutung nach einer Richtung hin unterstreichen. Welche Gegenkarte das jeweils ist, wurde im Schlüssel 4 erklärt.

- Eingeweihte gehen noch weiter. Sie ziehen nicht nur die Gegenkarten bestimmter Karten zu Rate, sie untersuchen z.B. auch, ob auffallend viele der ausgelegten Karten, der gebildeten Reihen usw. in der natürlichen Reihenfolge liegen (siehe Schlüssel 1), zu den drei Sequenzen gehören (siehe Schlüssel 2), in einem der vier Heilswege zu finden sind (siehe Schlüssel 3), von Anfang an bereits Gegenkarten beinhalten (siehe Schlüssel 4). Oder ob sich gar Kombinationen ergeben, die den Geheimnissen der Kabbala (siehe Schlüssel 5) entsprechen.

Gelehrter dringt durch den Himmel in die nächste Welt vor, Ausschnitt aus einem Holzschnitt, Schweiz, um 1500

Schlüssel 6:

Gestern — heute — morgen

Mit diesem Grundmuster und mit einer einfachen, zeitbezogenen Frage sollten Sie beginnen, wenn Sie zum ersten Mal den Tarot befragen wollen.

- Legen Sie die erste ausgewählte Karte auf Position 1, die zweite Karte auf Position 2 und die dritte Karte auf Position 3.

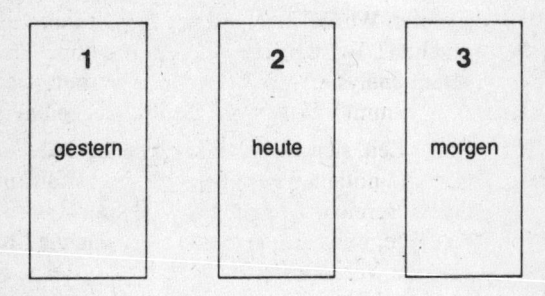

```
┌─────────┐   ┌─────────┐   ┌─────────┐
│    1    │   │    2    │   │    3    │
│         │   │         │   │         │
│ gestern │   │  heute  │   │ morgen  │
│         │   │         │   │         │
└─────────┘   └─────────┘   └─────────┘
```

- Diese drei Karten bedeuten dann, je nach Fragestellung, Vergangenheit — Gegenwart — Zukunft, alte Stellung — Kündigung — neue Stellung, Krankheit — Medizin — Heilerfolg, alter Partner — Trennung — neuer Partner, Problem — Analyse — Lösung usw.

- Man kann die drei Kartenpositionen aber auch verwenden, um über ein Auswahlverfahren, eine Entscheidung usw. nachzudenken. Die drei Karten bedeuten dann, je nach Fragestellung, Person 1 — Person 2 — Resultat, Beruf 1 — Beruf 2 — Entscheidung, Verfahren 1 — Verfahren 2 — Wirtschaftlichkeit usw.

Beispiel zu Schlüssel 6:

Frage: Der Fragesteller will sich klar werden über seine alte berufliche Stellung, ob er kündigen soll, was eine neue Stellung bringen könnte.

Karten: Die ausgewählten Karten sind — z.B. — 6 (die Entscheidung), 20 (das Gericht) und 14 (die Mäßigkeit).

Gestern: Die inneren und äußeren Umstände, die in der Vergangenheit für Unzufriedenheit gesorgt haben, sind das Ergebnis von vielen Entscheidungen und Erfahrungen, von Zögern und Zweifel. Wurde den Widersprüchen ins Auge gesehen? Wurden die Situationen ohne Hast genau analysiert? War die Entscheidungsfreude gehemmt? Wo kommt die Ratlosigkeit her?

Heute: Es ist Zeit, sich zu verwirklichen. Veränderungen sind nötig, im geistigen oder im gefühlsmäßigen Bereich. Die schweren Prüfungen sind zu Ende, wenn das gelingt. In Wirklichkeit haben die Veränderungen bereits eingesetzt. Es kommt darauf an, sie zu erkennen und zu akzeptieren. Die schwierige Zeit vorher war notwendig zur Lösung der Probleme. Keine Angst vor dem Unbekannten.

Morgen: Es kann Gleichgewicht herrschen, wenn es gelingt, sich mit anderen und sich selbst zu versöhnen. Man muß über die Dinge nachdenken, dann gelingt es, sie zusammenzuführen. Unternehmungen, die dem Ausgleich dienen, fallen günstig aus. Oft muß man dabei einen Mittelweg einschlagen. Mit Mäßigkeit gelingt es, die Erfahrungen des Lebens sinnvoll anzuwenden.

Schlüssel 7:

Das Geistesleben

Dieses Muster bildet ein nach oben gerichtetes Dreieck, das Symbol der Dreifaltigkeit. Man kann es als Flamme deuten.

- Legen Sie die drei ausgewählten Karten auf die Positionen 1 bis 3.

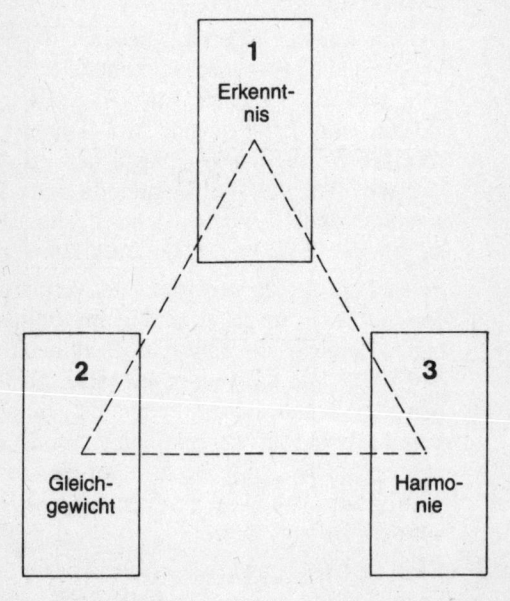

```
           ┌─────┐
           │  1  │
           │Erkennt-│
           │ nis │
           └─────┘
┌─────┐           ┌─────┐
│  2  │           │  3  │
│Gleich-│         │Harmo-│
│gewicht│         │ nie │
└─────┘           └─────┘
```

- Die erste Position bedeutet Erkenntnis, so wie an der Spitze einer Flamme die höchste Temperatur herrscht. Die zweite Position symbolisiert das Gleichgewicht. Es wird angezeigt, ob sich innere Ruhe und Drang nach außen die Waage halten. Die dritte Position bedeutet Harmonie, Läuterung und Reinheit im Geistesleben.
- Dieses Dreieck kann sich nur entwickeln, wenn auch das Gefühlsleben im Lot ist, wie es in Schlüssel 8 dargestellt ist.

Schlüssel 8:

Das Gefühlsleben

Ein nach unten gerichtetes Dreieck, ein Symbol, das man als einen Übergang zur materiellen Welt (nach unten) deutet.

- Legen Sie die drei ausgewählten Karten auf die Positionen 1 bis 3.

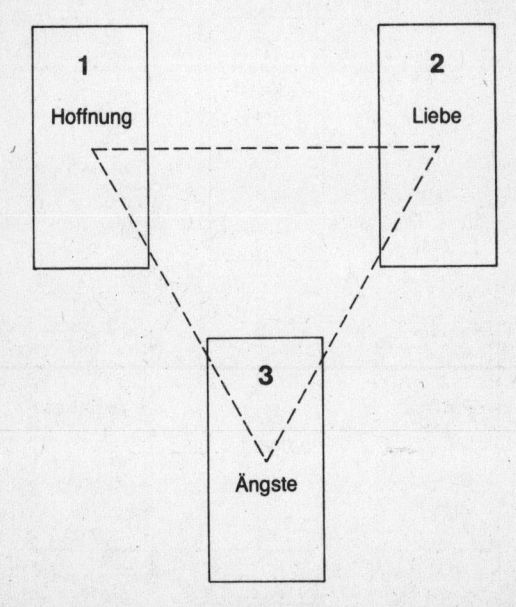

```
┌─────────┐      ┌─────────┐
│    1    │      │    2    │
│         │      │         │
│ Hoffnung│      │  Liebe  │
│         │      │         │
└─────────┘      └─────────┘

        ┌─────────┐
        │    3    │
        │         │
        │  Ängste │
        └─────────┘
```

- Die erste Position symbolisiert die Hoffnung, die der Mensch in die innere Entwicklung und die äußeren Einflüsse legt. Die zweite Position zeigt die Liebe, die ihn mit seinen Mitmenschen verbindet. Die dritte Position stellt die Ängste dar, die der Mensch empfindet.

- Dieses Dreieck ist die Basis des Dreiecks in Schlüssel 7. Ohne Gleichgewicht im Gefühlsleben kann sich das Geistesleben nicht entwickeln.

Schlüssel 9:

Das Kreuz

Soll der Tarot zu einer wichtigen Aufgabe befragt werden, so wählt man fünf Karten aus und ordnet sie zu einem Kreuz an.

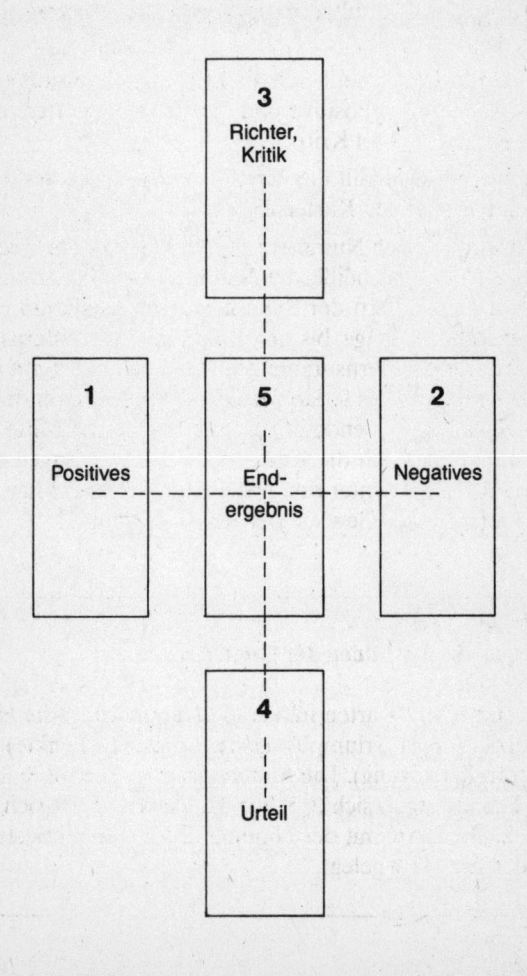

```
                    ┌─────────┐
                    │    3    │
                    │ Richter,│
                    │  Kritik │
                    └─────────┘
                         │
┌─────────┐    ┌─────────┐    ┌─────────┐
│    1    │    │    5    │    │    2    │
│Positives│----│  End-   │----│Negatives│
│         │    │ergebnis │    │         │
└─────────┘    └─────────┘    └─────────┘
                         │
                    ┌─────────┐
                    │    4    │
                    │         │
                    │  Urteil │
                    └─────────┘
```

- Zunächst wählt man vier Karten aus und legt sie auf die Positionen 1 bis 4 des Kreuzes. Die fünfte Position bleibt zunächst leer. Nun werden die vier Positionen gedeutet.
- Die erste Karte zeigt das Positive, die Bejahung. Also alles, was zur Antwortfindung im positiven Sinne beitragen kann, was dafür spricht.
- Die zweite Karte zeigt das Negative, die Verneinung. Also alles, was zum Resultat im negativen Sinne beitragen kann, was dagegen spricht.
- Die dritte Karte stellt den Richter dar. Er diskutiert und kommentiert das Positive und das Negative der ersten beiden Karten und übt Kritik.
- Die vierte Karte fällt das Urteil, so wie es sich aus der Betrachtung aller vier Karten ergibt.
- Nun wird aus den Nummern der vier Karten die Quersumme gebildet. Das heißt, die Nummern werden zusammengezählt, die Ziffern der Summe werden wiederum zusammengezählt, so lange, bis sich eine endgültige Ziffernsumme ergibt. Diese Ziffernsumme oder Quersumme ergibt immer eine Zahl von 1 bis 9. Sie bezeichnet die Nummer der fünften Karte, die als endgültiges Ergebnis in die Mitte gelegt wird. Befindet sich die Karte, die als fünfte ausgelegt werden soll, bereits unter den ersten vier Karten, so hat sie ein besonders hohes Gewicht bei der Auslegung.

Beispiel für das Bilden der Quersumme:

Die ersten vier Karten haben die Nummern 3 (die Herrscherin), 7 (der Triumphwagen), 12 (der Gehenkte) und 16 (die Zerstörung). Die Summe ist $3 + 7 + 12 + 16 = 38$. Daraus ergibt sich $3 + 8 = 11$. Daraus ergibt sich $1 + 1 = 2$. Die Karte mit der Nummer 2 (die Hohepriesterin) wird in die Mitte gelegt.

Schlüssel 10:

Der Kreis

Will man etwas über die Persönlichkeit eines Menschen wissen, wählt man — wie bei Schlüssel 9 — fünf Karten aus und ordnet sie zu einem symbolischen Kreis an.

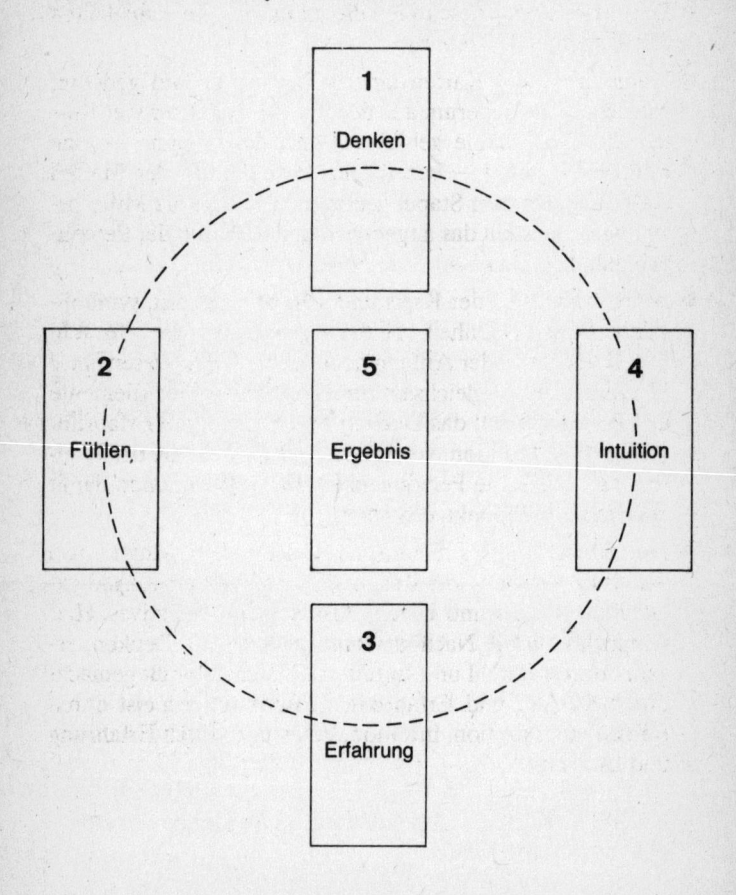

```
              ┌─────────┐
              │    1    │
              │         │
              │  Denken │
              └─────────┘

┌─────────┐   ┌─────────┐   ┌─────────┐
│    2    │   │    5    │   │    4    │
│         │   │         │   │         │
│ Fühlen  │   │Ergebnis │   │Intuition│
└─────────┘   └─────────┘   └─────────┘

              ┌─────────┐
              │    3    │
              │         │
              │Erfahrung│
              └─────────┘
```

- Wie schon zuvor beim Kreuz wählt man zunächst vier Karten aus und legt sie auf die Positionen 1 bis 4. Die fünfte Position bleibt leer und wird erst später belegt.
- Die erste Karte beschreibt das klare Denken, den Intellekt.
- Die zweite Karte beschreibt Gefühl und Sentiment.
- Die dritte Karte beschreibt die Erfahrungen, die dieser Mensch sammeln konnte.
- Die vierte Karte beschreibt die Intuition, die Fähigkeiten der spontanen Eingebung.
- Wenn diese vier Karten einzeln betrachtet und gedeutet wurden, wird wiederum aus den Nummern dieser vier Karten die Quersumme gebildet. Diese Quersumme — eine Zahl von 1 bis 9 — bezeichnet die Nummer der fünften Karte, die aus dem Stapel genommen und in die Mitte gelegt wird. Sie stellt das Ergebnis dar, das Wesen der Persönlichkeit.
- Alle fünf Karten, der Kreis und sein Mittelpunkt, symbolisieren Geschlossenheit, Einheit gegenüber der Umwelt. Der Kreis hat weder Anfang noch Ende — das Wesen einer Persönlichkeit ist gleichsam unbegrenzt. Die vier Elemente der Persönlichkeit, das Denken und Fühlen, die Erfahrungen und die Intuition, vereinigen sich im Umfang des Kreises, sie runden die Persönlichkeit ab, sie bestimmen damit auch den Mittelpunkt, das Selbst.
- Das Muster dieses Schlüssels gleicht dem Muster von Schlüssel 9. Doch dort stehen sich jeweils zwei Karten gegenüber: Richter und Urteil, Positives und Negatives. Hier kommt es auf die Nachbarschaft im Kreis an: Denken, ergänzt durch Gefühl und Intuition, Fühlen, bewußt gemacht durch Denken und Erfahrung, Erfahrung, gespeist durch Fühlen und Intuition, Intuition, bereichert durch Erfahrung und Denken.

Schlüssel 11:

Das Fünfeck

Mit der Ausdeutung des Pentagrammes versucht man, einen Gesamteindruck über einen Menschen und seine Umgebung zu bekommen.

- Diesmal werden sofort fünf Karten ausgewählt und in einem Fünfeck angeordnet.

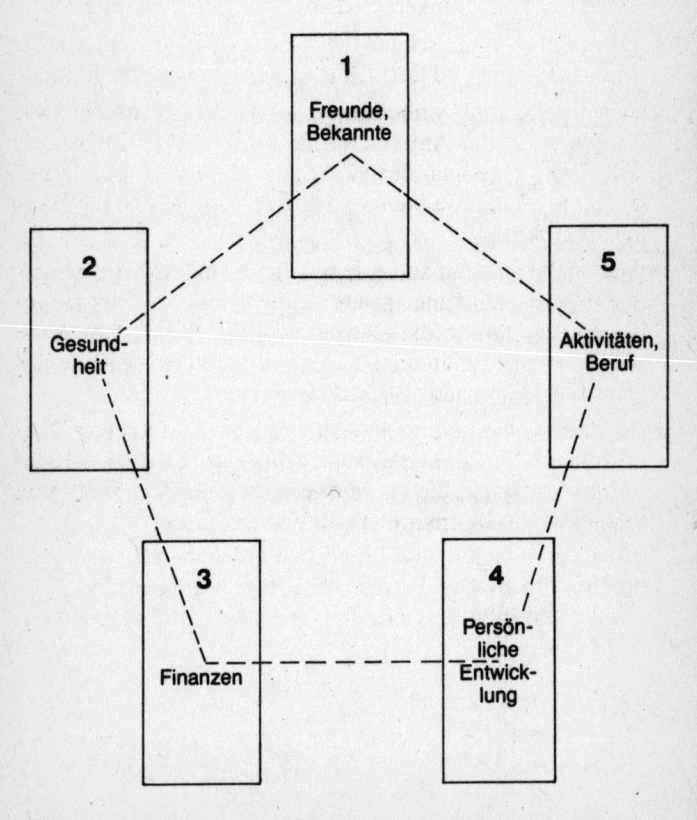

1 Freunde, Bekannte

2 Gesundheit

5 Aktivitäten, Beruf

3 Finanzen

4 Persönliche Entwicklung

- Die erste Karte soll einen Überblick verschaffen über den Menschen und seine Umgebung, seine Familie, Freunde und Bekannte.
- Die zweite Karte soll erkennen lassen, wie es um seine Gesundheit, über Vitalität und Ausdauer bestellt ist.
- Die dritte Karte soll einen Einblick in seine Finanzen geben. Aber auch darüber, wie er damit umgeht. Ist er großzügig oder eher sparsam? Riskiert er manchmal was oder ist er auf Sicherheit bedacht?
- Die vierte Karte beschreibt die persönliche Entwicklung. Also das, was im Schlüssel 10 mit Hilfe von fünf Karten beleuchtet wurde: Denken, Fühlen, Erfahrung und Intuition.
- Die fünfte Karte schließlich symbolisiert das Leben in Schule, Freizeit und Beruf, die Aktivitäten und ihre Folgen.
- Alle fünf Karten symbolisieren den ganzen Menschen, wie er schon seit der Antike gesehen wurde: Seine fünf Sinne, seine fünf Finger an der Hand, fünf Zehen am Fuß. Aber auch seine Umrisse, wenn er breitbeinig steht und die Hände ausstreckt.
- Wer nun insgesamt zu keinem befriedigenden Ergebnis gekommen ist, der kann allemal aus den Nummern der ausgelegten fünf Karten die Quersumme bilden und damit eine sechste Karte bestimmen. Diese wird dann in die Mitte des Fünfecks gelegt und als Ergebnis gedeutet.
- Weiterhin gilt immer noch folgendes: Wenn sich beim Deuten einer Karte Unklarheiten ergeben, wenn sich zwei Richtungen anbieten, die zu verfolgen wären, dann zieht man die jeweilige Gegenkarte dieser Karte zu Rate.

Schlüssel 12:

Der Stern

Wenn es sich um ein größeres Problem handelt, und wenn genügend Zeit für die Deutung zur Verfügung steht, dann werden sieben Karten in Form eines Sterns ausgelegt.

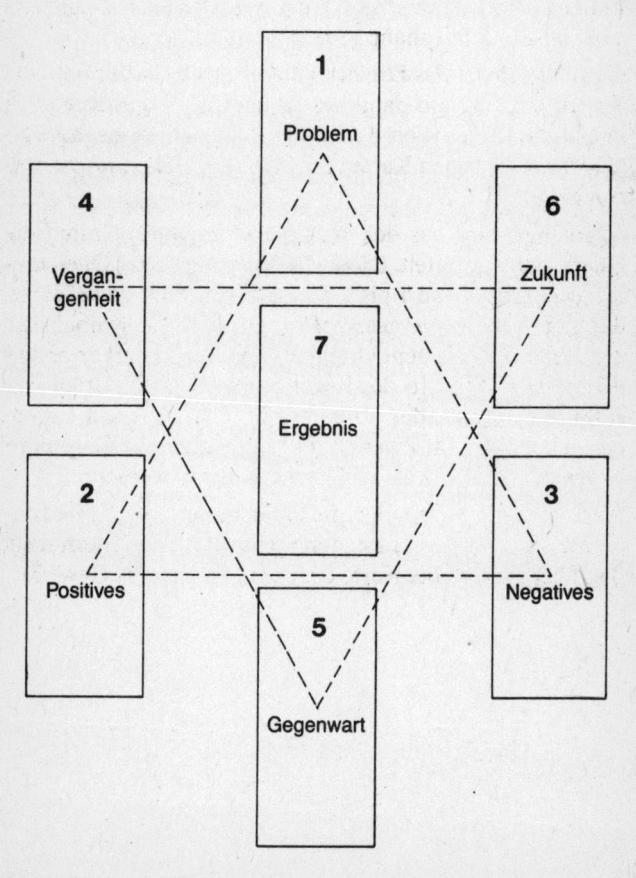

```
            ┌─────────┐
            │    1    │
            │         │
            │ Problem │
            └─────────┘
┌─────────┐              ┌─────────┐
│    4    │              │    6    │
│ Vergan- │              │ Zukunft │
│ genheit │              │         │
└─────────┘  ┌─────────┐ └─────────┘
             │    7    │
             │         │
             │ Ergebnis│
             └─────────┘
┌─────────┐              ┌─────────┐
│    2    │              │    3    │
│         │              │         │
│Positives│              │Negatives│
└─────────┘              └─────────┘
            ┌─────────┐
            │    5    │
            │         │
            │Gegenwart│
            └─────────┘
```

- Zunächst wählt man sechs Karten aus und legt sie der Reihe nach auf die Positionen 1 bis 6. Die siebte Position bleibt zunächst frei.
- Die Karten 1 bis 3 bezeichnen die Art des Problems, das was positiv und das was negativ darauf einwirkt. Diese drei Karten werden zunächst einzeln, dann im Zusammenhang gedeutet.
- Die Karten 4 bis 6 beleuchten das Problem in zeitlicher Hinsicht. Sie symbolisieren Vergangenheit, Gegenwart und Zukunft. Auch diese drei Karten werden zunächst einzeln, dann im Zusammenhang gedeutet.
- Nachdem zuerst das Dreieck mit der Spitze nach oben (die Karten 1 bis 3) und dann das Dreieck mit der Spitze nach unten (die Karten 4 bis 6) analysiert wurden, deutet man alle sechs ausgelegten Karten miteinander. So kommt man zu einem Urteil.
- Schließlich wird aus den Nummern der sechs Karten die Quersumme ermittelt. Diese Ziffernsumme oder Quersumme ist eine Zahl von 1 bis 9. Sie bezeichnet die siebte Karte, die nun in die Mitte gelegt wird. Diese Karte symbolisiert das Endurteil, das dem Urteil aus dem Punkt vorher gegenübergestellt wird. In der Regel gelingt es auch, Urteil und Endurteil aufeinander abzustimmen und zu einem Ergebnis zu kommen. Im Zweifelsfall kann wieder die Gegenkarte der siebten Karte als Hilfe herangezogen werden.
- Auch hier gilt: Bezeichnet die Quersumme eine siebte Karte, die schon unter den ersten sechs Karten im Stern liegt, dann hat diese siebte Karte ein besonders großes Gewicht.

Schlüssel 13:

Das Keltenkreuz

Eine sehr alte Art, den Tarot zu befragen, ist das Auswählen von zehn Karten, die dann in der Form eines Kreuzes mit darunterliegendem Fundament angeordnet werden.

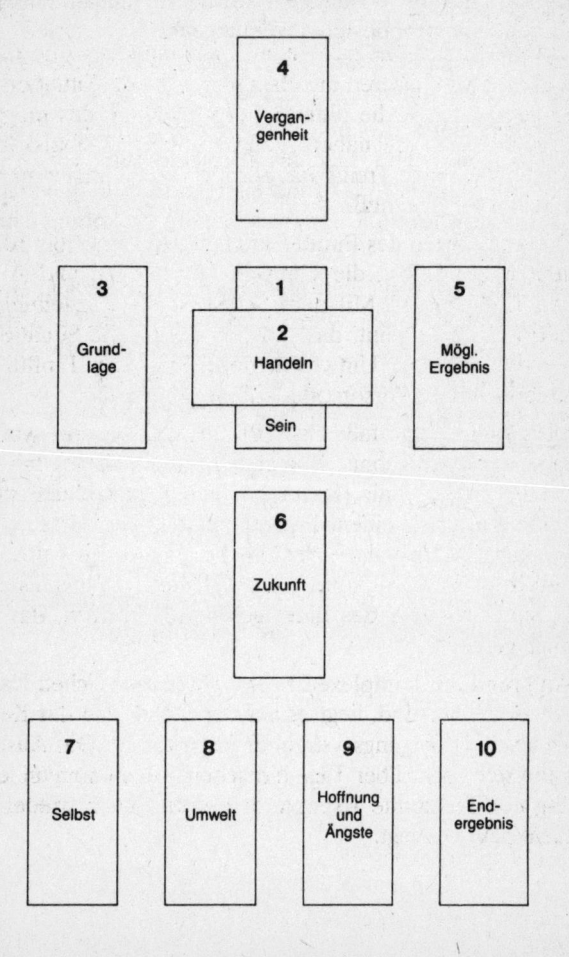

```
                    ┌──────────┐
                    │    4     │
                    │ Vergan-  │
                    │ genheit  │
                    └──────────┘

    ┌────────┐      ┌──────────┐      ┌────────┐
    │   3    │      │    1     │      │   5    │
    │        │      │    2     │      │        │
    │ Grund- │      │ Handeln  │      │ Mögl.  │
    │ lage   │      │          │      │Ergebnis│
    │        │      │   Sein   │      │        │
    └────────┘      └──────────┘      └────────┘

                    ┌──────────┐
                    │    6     │
                    │ Zukunft  │
                    └──────────┘


   ┌──────┐   ┌──────┐   ┌──────┐   ┌──────┐
   │  7   │   │  8   │   │  9   │   │  10  │
   │      │   │      │   │Hoffnung│ │ End- │
   │Selbst│   │Umwelt│   │ und  │   │ergeb-│
   │      │   │      │   │Ängste│   │ nis  │
   └──────┘   └──────┘   └──────┘   └──────┘
```

- Die ersten beiden Karten bilden ein kleines Kreuz für sich. Man nennt sie Zentrum und Kreuzkarte, Stamm und Opposition, innerer und äußerer Aspekt oder auch Sein und Handeln. Die Zentrumskarte zeigt eine grundlegende Eigenschaft der betreffenden Person oder ihrer Situation. Die Kreuzkarte zeigt, wie diese Eigenschaft die Person beeinflußt oder wie sie in eine Handlung umgesetzt wird. Kurz gesagt: Die erste Karte zeigt, wie die Person ist, die zweite, wie sie sich verhält.
- Die vier Karten, die das kleine Kreuz umgeben (die Karten 3 bis 6) symbolisieren die Grundlage, die die Situation hervorgebracht hat, die jüngste Vergangenheit, das mögliche Ergebnis und die nähere Zukunft. Die Ergebniskarte 5 zeigt dabei einen Trend auf, der nicht unbedingt zum Endergebnis werden muß.
- Die vier Karten des Fundaments (die Karten 7 bis 10) bedeuten das Selbst, die Umwelt, Hoffnungen und Ängste und Endergebnis. Mit dem Selbst ist die Einstellung des Betroffenen gemeint, das, was er tut, um die Situation zu beeinflussen. Die Umwelt kennzeichnet den Einfluß der anderen auf die Person oder auf die Situation.
- Die zehnte Karte faßt also alles zusammen und symbolisiert ein Endergebnis. Manchmal stimmt dieses mit dem möglichen Ergebnis (Karte 5) überein, manchmal stehen beide Karten in einem Zusammenhang von Ursache und Wirkung. Manchmal widersprechen sich auch beide Karten. In diesem Fall kann das mögliche Ergebnis als etwas gedeutet werden, das hätte geschehen können, das aber nicht geschah.
- Aufgrund des komplexen Musters der zahlreichen Karten, die zu deuten sind, liegt es auf der Hand, daß das Keltenkreuz ein Befragungssystem für Experten ist. Das Auslegen kann sich sogar über Tage hinziehen, indem man an jedem Tag nur bestimmte Aspekte deutet und dann wieder eine Denkpause einlegt.

Schlüssel 14:

Gott und die Welt

Der Tarot-Befragung sind keine Grenzen gesetzt. Eingeweihten ist es möglich, Verbindungen zu »Gott und der Welt« herzustellen.

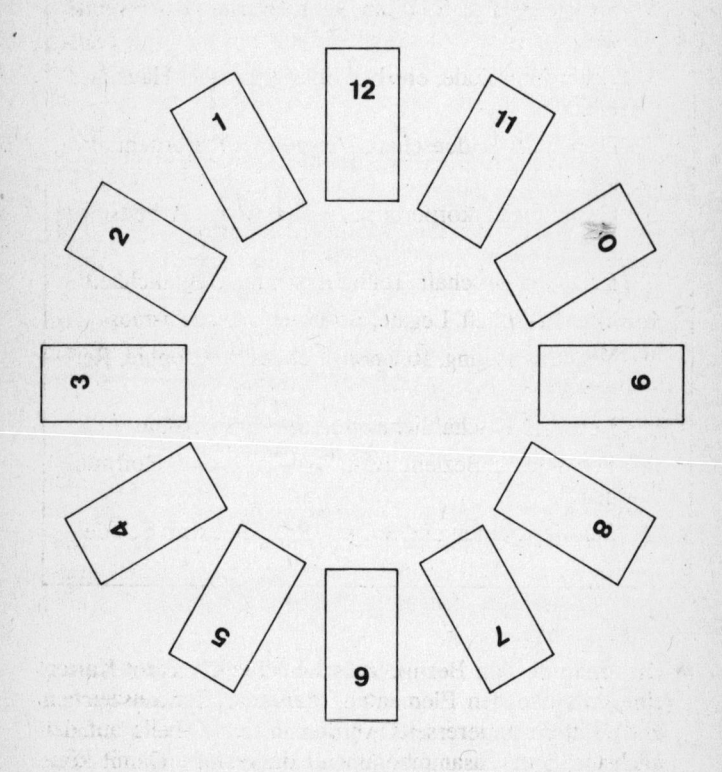

- So kann man zwölf Karten auswählen und im Kreis auslegen. Sie bedeuten dann die Bezüge zu den zwölf astrologischen Häusern, die ein Totalmodell eines Menschen symbolisieren.

Bedeutung der zwölf astrologischen Häuser:

1 Charakter, persönliche Eigenschaften, äußere Erscheinung
2 Materielle Umstände, Finanzen, Besitz, geistige Freiheit
3 Soziale Bezüge, Studium, kleine Reisen, Korrespondenz
4 Lebensumstände, ererbte Charakterzüge, Haus und Heim
5 Liebe und Leidenschaft, Vergnügen, Unternehmungen
6 Gesundheit, körperliche Verfassung, Arbeitsumstände
7 Ehe, Gemeinschaft, Teilhaberschaft, Öffentlichkeit
8 Tod, Erbschaft, Legate, Bezug zum Okkultismus
9 Weltanschauung, Religion, Lebensphilosophie, Reisen
10 Beruf, gesellschaftliche Situation, Ehre, Ruhm
11 Persönliche Beziehungen, Wünsche und Hoffnungen
12 Schwierigkeiten und Sorgen, Probleme und Feinde

- Die traditionellen Bezüge zwischen den 22 Tarot-Karten einerseits und den Elementen, Planeten, Tierkreiszeichen und Göttern andererseits werden in der Tabelle auf der nächsten Seite zusammenfassend dargestellt. Damit können — wie schon gesagt — Verbindungen zu »Gott und der Welt« hergestellt werden. Es ist der universale Schlüssel der Geheimwissenschaften schlechthin, und damit schließt dieses Kapitel und das Buch.

Bezüge zu Elementen, Planeten, Tierkreis und Göttern:

Tarot-Karte	Element/Planet	Tierkreiszeichen	Götter
1	Merkur		Thoth, Hermes, Merkur
2	Mond		Artemis, Diana
3	Venus		Aphrodite, Venus
4		Widder	Athene, Minerva
5		Stier	Apis, Venus
6		Zwillinge	Janus, Castor und Pollux
7		Krebs	Khephera, Apollo
8		Löwe	Bastet, Sekhmet
9		Jungfrau	Adonis, Attis
10	Jupiter		Amon, Zeus, Jupiter
11		Waage	Maat, Vulkan
12	Wasser		Poseidon, Neptun
13		Skorpion	Seth, Mars, Ares
14		Schütze	Artemis, Diana
15		Steinbock	Pan, Priapus
16	Mars		Horus
17		Wassermann	Juno, Ganymed
18		Fische	Poseidon, Neptun
19	Sonne		Re, Helios, Apollo
20	Feuer		Hades, Pluto
21	Saturn		Saturn, Sebek
0	Luft		Zeus, Jupiter